JN123132

昇任試験必携

第2次
改訂版

地方自治法の
ポイント整理と
チェック

昇任試験法律問題研究会編

1日**4**分で、
一単元をマスター！

ポイント解説で
スッキリ理解
×
チェック問題で
バッチリ習得

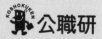
公職研

　本書を手に取ってくださり、ありがとうございます。

　本書は、昇任試験に取り組んでおられる地方自治体の職員の皆様に、試験対策の強い味方としてぜひ携えていただき、ご活用いただきたいという思いを込め、令和2年3月に初版を発刊いたしました。もともと本書は、問題演習において、肢の解答にとどまらない当該項目のポイントとなる事項を併せて習得してもらえるようなコンパクトで学習の効率性を向上できる本（問題集＋ポイント整理）を作ろうという試みで生まれたものです（『コンパクト昇任試験地方自治法択一問題集』）。令和2年に、この発想を進化させ、項目ごとのポイント解説・整理をメインとし、その知識を確認するための○×式の演習問題を用意するという形にリニューアルしました。

　必ずや受験生のニーズにお応えできたものと自負しており、「この本は試験対策に必携だ」と仲間や後輩にお薦めいただけるのであれば、大変嬉しく思います。

　今回、ここ2年間の法改正を踏まえた加筆等を行うとともに、読者の皆様からお寄せいただいた点を改良し、改訂版を発刊する運びとなりました。

　法改正項目が書かれているページのうち、令和5年中に施行される項目がある頁には左上に R5 の目印を、令和6年4月に施行される項目がある頁には同じく R6 の目印を付しています。その部分のみ急ぎチェックする際等に役立ててください。

　なお、罰則の法定刑に関して、懲役と禁錮を一本化して「拘禁」刑とする改正も行われていますが、施行が令和7年6月であるため、本書には反映していません。同月以降は、刑の見直しが反映されることについて、一応御留意ください。

　試験前の知識の整理及び定着度の確認から、試験会場での試験直前のご利用まで、この必携シリーズが、常に受験生の傍らで学習の効率を高め、試験直前の効果的なサプリメントとなることを願っています。

　令和6年2月

　　　　　　　　　　　　　　昇任試験法律問題研究会執筆者一同

目　次

◉Points！

1　地方自治制の沿革

　明治憲法には、地方自治に関する規定がなく、全て法律で規定⇔日本国憲法は、第8章に**「地方自治」の章**を設け（92条～95条）、憲法上の制度として保障。

　　※憲法上の地方公共団体（93条）とは、都道府県・市町村という2段階の地方公共団体を指すとされている。事実上住民が経済的文化的に密接な共同生活を営み、共同体意識を持っているという社会的基盤が存在し、沿革的にみても、また現実の行政の上においても、相当程度の自主立法権、自主行政権、自主財政権等地方自治の基本的機能を付与された地域団体である必要があり、東京都の特別区は、憲法上の地方公共団体には当たらない（判例）。

2　地方自治権の本質

　地方自治の保障は、地方自治という歴史的・伝統的制度を保障するものとみる「制度的保障説」が通説とされている。

　　※このほか、地方自治権を前国家的なもので、地方公共団体に固有のものとする「固有権説」や、地方自治権も国家の統治権に伝来し、その一部が地方公共団体に移譲されたものとする「伝来説」といった考え方もある。

3　地方自治の本旨（憲法92条）

住民自治：地方自治が住民の意思に基づいて行われる民主主義的な要素であり、93条2項や95条で具体化されている。

団体自治：地方自治が国から独立した団体に委ねられ、団体自らの意思と責任の下でなされるという自由主義的・地方分権的要素であり、94条で具体化されている。

　→地方公共団体の組織及び運営に関する事項はこれらの地方自治の本旨に基づいて、法律で定める。

4 住民の直接参加

地方政治では住民の直接参加が広範に認められている。

憲法上→長等の直接公選（93条2項）、地方特別法に係る住民投票（95条）。**地方自治法上**→直接請求制度：条例制定改廃請求（12条1項）、監査請求（12条2項）、議会解散請求（13条1項）、議員・長等解職請求（13条2項・3項）。

《習得チェック》

☐ 1. 明治憲法下でも地方自治に関する規定は置かれていたが、地方公共団体の自治権が十分には保障されていなかった。

☐ 2. 日本国憲法上、地方公共団体の組織及び運営に関する事項は、地方自治の本旨に基づいて、条例でこれを定めるものとされている。

☐ 3. 日本国憲法92条の「地方自治の本旨」とは、地方自治が住民の意思に基づいて行われるという住民自治と、地方自治が国から独立した団体に委ねられ、団体自らの意思と責任の下でなされるという団体自治の2つの要素からなる。

☐ 4. 日本国憲法は、団体自治の原則を具体化するために94条で地方公共団体の自治権を、住民自治の原則を具体化するために95条で地方特別法の住民投票を定めている。

☐ 5. 判例は、東京都の特別区も憲法上の地方公共団体に当たるとしている。

●Points！

　地方公共団体は、法人格を有する公法人であり（2条1項)、自らの意思と責任において自己の名において活動を行うものとされており、権利義務の主体となる能力を有する。

1　地方公共団体の種類

　地方公共団体には、普通地方公共団体と特別地方公共団体がある（1条の3第1項)。

2　普通地方公共団体（1条の3第2項)

　都道府県と市町村の2つがあり、市については指定都市・中核市の制度がある。

　※特例市制度は、中核市制度に統合〔149頁参照〕。

【指定都市の特例】（252条の19、252条の20)

①法定されている事務のうち都道府県が処理することとされているものの全部又は一部で政令で定めるものを、政令で定めるところにより、処理することができる。

②都道府県知事の関与等をなくし、あるいは都道府県知事の関与等に代えて主務大臣の関与等を受ける。

③条例でその区域を分けて区（行政区）を設け、区の事務所及びその長である区長を置く。

　※行政区は、特別区と異なり、法人格はなく、区長は市長が任命する。また、行政区に代えて、総合区を設けることができる（252条の20の2)。

3　特別地方公共団体（1条の3第3項、市町村合併特例法)

①特別区〔152-155頁参照〕、②地方公共団体の組合〔156-163頁参照〕、③財産区の3つがあるほか、合併特例区（時

限的）がある。

【財産区】（294条〜297条）

市町村・特別区の一部区域で独立の財産・公の施設があるときに、その管理・処分の権能を有する特別地方公共団体（**法人格あり**）

→①原則、固有の機関なし（知事が必要と認めるときに固有の議会又は総会が設けられる場合あり。そうでないときは、一定の管理・処分等に事前同意をする「**財産区管理会**」の設置が可能）、②財産区の**収入は、他とは会計を分ける**。

《**習得チェック**》

- □ 1．地方公共団体は、法人格を有し、権利義務の主体となることができる。

- □ 2．地方公共団体には、普通地方公共団体と特別地方公共団体があり、普通地方公共団体には、都道府県及び市町村が、特別地方公共団体には、特別区、地方公共団体の組合及び財産区がある。

- □ 3．指定都市も都道府県の区域に属する市であり、指定都市でない市と同様に都道府県の関与の下に事務を処理する。

- □ 4．指定都市は、条例でその区域を分けて区を設けて、区の事務所及びその長である区長を置き、区長は住民の直接選挙により選任される。

- □ 5．財産区には法人格があり、議会が置かれるとともに、区長を住民の直接選挙により選任する。

●Points！

　普通地方公共団体は、地域における事務及びその他の事務で法律又はこれに基づく政令により処理することとされるものを処理する（2条2項）。**自治事務**と**法定受託事務**に区分され、機関委任事務は廃止された。

（注）自治事務・法定受託事務のいずれも当該普通地方公共団体の事務であり、いずれに関しても条例を制定することができる（14条1項）。

1　自治事務（2条8項）

(1) 地方公共団体が処理する事務のうち、法定受託事務以外の事務をいう。

(2) 法令に定めのないものと法令に定めのあるものがある。

　※法令に定めのあるものについて、地方公共団体に認められ

	自治事務	法定受託事務
事務に係る条例	○	○
国（・都道府県）の関与	原則として、助言・勧告、資料提出要求、是正要求、協議が可	助言・勧告、資料提出要求、同意、許認可等、指示、代執行、協議が可
国（・都道府県）による事務処理基準の策定	×	○注
国（・都道府県）の機関に対する審査請求	× ※行政不服審査法のルールどおり	○注

（注）事務処理基準の策定主体・審査請求先は以下のとおり。
　・都道府県の執行機関の事務・処分→その事務等を規定する法令の所管大臣
　・市町村の執行機関の事務・処分→都道府県知事（教育委員会・選挙管理委員会の処分は都道府県の教育委員会・選挙管理委員会）

る裁量の範囲や国の関与の度合は様々である。

2 法定受託事務 (2条9項)

(1) 法律・政令により地方公共団体が処理することとされる事務のうち、国(・都道府県)が本来果たすべき役割に係るものであって、国(・都道府県)においてその適正な処理を特に確保する必要があるものとして法律・政令に特に定める事務をいう。

(2) 国が本来果たすべき役割に係る事務を「第一号法定受託事務」と、都道府県が本来果たすべき役割に係る事務を「第二号法定受託事務」という。

《習得チェック》

☐ 1. 地方公共団体が処理する事務には、自治事務と法定受託事務のほか、機関委任事務がある。

☐ 2. 自治事務の処理に要する経費については、国がその経費の財源について措置を講じる必要はない。

☐ 3. 地方公共団体は、自治事務と法定受託事務のいずれについても条例を制定することができる。

☐ 4. 自治事務及び法定受託事務のいずれについても、代執行の制度は認められていない。

☐ 5. 自治事務及び法定受託事務のいずれについても地方公共団体の事務である以上、国に対して、行政不服審査法による審査請求をすることはできない。

---

*前項の正誤 1─○ 2─○ 3─× 4─×(区長は市長が任命) 5─×(特別区と異なり財産区は原則として固有の機関を有しない)

◉Points！

　地方公共団体の区域は、住民（人的）、自治権・法人格（法制度的）とともに、地方公共団体の基本的な構成要件（場所的）であり、原則として、その区域内に限り自治権が認められる。この区域に住所を有する者は、当然に当該地方公共団体の構成員である住民とされる（10条1項）。

1　地方公共団体の区域の変更

(1) **廃置分合**　法人格の変動を伴う。①合体②編入③分割④分立の4つがある。地方公共団体の新設や廃止を伴う。

(2) **境界変更**　法人格の変動を伴わない。地方公共団体の新設や廃止を伴わない。

	都道府県（6条）	市町村（7条）
廃置分合又は境界変更の手続	法律で定める。 （注）この法律は、地方特別法に該当する。	・関係市町村が議会の議決を経て都道府県知事に申請し、知事が議会の議決を経て定め、直ちに総務大臣に届出。 （注1）市の廃置分合については、知事は、あらかじめ総務大臣に協議し、同意を得なければならない。 （注2）都道府県の境界にわたるものは、関係地方公共団体の申請に基づき総務大臣が定める。
財産処分を必要とするとき	関係地方公共団体が協議。	関係市町村が協議。
	協議については、議会の議決を経る。	

　※このほか、都道府県による自主的な合併の手続も認められている（6条の2。関係都道府県の議会の議決を経た申請に基づき、内閣が国

会の承認を経てこれを定める）。

2 境界をめぐる紛争（9条）

(1) 市町村の境界に関し争論があるとき、都道府県知事は、関係市町村の申請に基づき、自治紛争処理委員の調停に付することができる。

(2) 調停不調の場合は、知事が裁定することができる。

(3) 知事の裁定に不服がある場合等においては、関係市町村は裁判所に出訴することができる（境界確定の訴え）。

《習得チェック》

□ 1．市町村の区域内に住所を有する者は、当然に当該市町村を包括する都道府県の住民となる。

□ 2．地方公共団体の区域変更のうち、法人格の変動を伴うものを境界変更、法人格の変動を伴わないものを廃置分合という。

□ 3．都道府県の境界を変更するには、法律で定める必要がある。この法律は、憲法95条にいう「一の地方公共団体のみに適用される特別法」になる。

□ 4．2以上の都道府県を廃止し、それらの区域の全部による一の都道府県を設置する場合は、関係都道府県の申請に基づき、内閣が国会の承認を経てこれを定める。

□ 5．市町村の境界に関して争論があるとき、都道府県知事は、関係市町村の申請に基づき、又は職権により、自治紛争処理委員の調停に付することができる。

通

則

市・町の要件

◉Points！

1 **市の要件**（8条1項）

①人口5万以上を有すること

②中心の市街地を形成している区域内の戸数が、全体の戸数の6割以上であること

③商工業その他の都市的業態に従事する者・その者と同一世帯に属する者の数が、全人口の6割以上であること

④①〜③のほか、都道府県の条例で定める都市的施設その他の都市としての要件を具備していること

※これらの要件は、市となるのに必要な要件であり、市として存続するための要件ではない。

※町村を市にするには、関係市町村が議会の議決を経てこれを都道府県に申請し、都道府県知事が都道府県の議会の議決を経て定め、総務大臣に協議し、その同意を得た上で、届け出る必要がある（8条3項、7条1項・2項・6項）。

2 **町の要件**（8条2項）

都道府県条例で定める町としての要件を具備していること

（参考）大都市制度〔148頁参照〕

1 **指定都市**（252条の19〜252条の21の5）

政令で指定する人口50万以上の市である。

2 **中核市**（252条の22〜252条の26の2）

政令で指定する人口20万以上の市である。

※関係市からの申出に基づいて、総務大臣が指定に係る政令の立案を行うが、関係市が申出をしようとするときは、関係市は、あらかじめ、当該市の議会の議決を経て、都道府

県の同意を得なければならない。この同意については、都道府県議会の議決を経なければならない（252条の24）。

《《習得チェック》》

☐ 1. 市になるためには、人口5万以上であることが必要であり、市になった後、人口減少が続き、人口が5万未満となったときは、市制を廃止しなければならない。

☐ 2. 町村が市の要件を満たした場合、町村長が都道府県知事に届け出ることによって当該町村は市となることができる。

☐ 3. 町は、都道府県条例で定める町としての要件を具備しなければならない。

☐ 4. 指定都市の制度は、規模・財政力が一般の市に比較して著しく大きな都市について、特例を定めるものであり、政令で指定する人口50万以上の市である。

☐ 5. 中核市は、指定都市以外で、社会的実体としての規模・能力が比較的大きな市について、その事務権限を強化し、できる限り住民の身近で行政を行う制度であり、政令で指定する人口20万以上の市である。

通則

●Points！

1　住民の範囲

　市町村の区域内に住所を有する者は、当該市町村及びこれを包括する都道府県の住民とする（10条1項）とされている。住民には、原則として自然人だけでなく法人も含まれ、国籍や年齢なども問われない。なお、「日本国民たる住民」と規定されている場合には、日本国籍を有し、かつ、自然人である住民を意味する。

（注）自然人についてはその者の生活の本拠が住所となり、法人については主たる事務所の所在地又は本店の所在地が住所となる。出稼者、災害による避難者等の生活の本拠が別にある者は、出稼地又は避難地の住民に当たらない。

2　住民たる地位に関する記録

　市町村は、別に法律の定めるところにより、その住民につき、住民たる地位に関する正確な記録を常に整備しておかなければならない（13条の2）とされ、住民基本台帳法により住民基本台帳が整備されている。住民の居住関係の公証、選挙人名簿の登録、地方住民税の課税等の市町村の住民に関する事務は住民基本台帳に基づいて処理される。

3　住民の基本的な権利義務

　住民は、法律の定めるところにより、その属する普通地方公共団体の役務の提供をひとしく受ける権利を有し、その負担を分任する義務を負う（10条2項）。

　「役務の提供」とは公の施設の設置運営、保険給付等普通地方公共団体によるサービスの提供全般を意味し、「負担」とは地方税、分担金、使用料、手数料等普通地方公共団体が住民に

課す全ての負担を意味するものとされている。

《習得チェック》

□ 1. 普通地方公共団体の住民であるためには、国籍や年齢は問われず、原則として自然人も法人も含まれる。

□ 2. 出稼者、災害による避難者等の生活の本拠が別にあるような者であっても、その普通地方公共団体に長期間にわたり滞在している場合には当該普通地方公共団体の住民に当たる。

□ 3. 市町村は、住民基本台帳法の定めるところにより、その住民につき、住民たる地位に関する正確な記録を常に整備しておかなければならないこととされており、当該記録は何人でも閲覧することができる。

□ 4. 住民基本台帳の情報は、住民の居住関係の公証や選挙人名簿の登録の事務には用いられるが、地方住民税の課税の事務には用いられない。

□ 5. 地方自治法では、住民は、法律の定めるところにより、その属する普通地方公共団体の役務の提供をひとしく受ける権利を有し、その負担を分任する義務を負うと規定されている。

住

民

●Points！

【選挙権・被選挙権】

　日本国民たる住民は、法律の定めるところにより、その属する普通地方公共団体の選挙に参与する権利（選挙権・被選挙権）を有する（11条）。

【直接請求権】

　日本国民たる住民は、法律の定めるところにより、その属する普通地方公共団体の①条例（地方税の賦課徴収・分担金、使用料及び手数料の徴収に関するものを除く）の制定及び改廃、②事務の監査、③議会の解散並びに④議員、長及び主要公務員（副知事・副市町村長、総合区長、選挙管理委員、監査委員、公安委員会委員並びに教育長及び教育委員会委員）の解職を請求する権利を有する（12条、13条）〔30・32頁参照〕。
　（注）教育委員会の教育長及び委員の解職請求の詳細は、地方教育行政の組織及び運営に関する法律に定められている。

【住民監査請求権】

　住民は、1人でも、当該普通地方公共団体の執行機関・職員について、
(1)　違法・不当な財務会計上の行為（①公金の支出、②財産の取得・管理・処分、③契約の締結・履行、④債務その他の義務の負担に係るもの）があると認めるとき（当該行為が相当の確実さをもって予測されると認めるときを含む）、又は
(2)　怠る事実（①公金の賦課又は徴収を怠る事実、②財産管理を怠る事実）があると認めるとき
は、これを証する書面を添え、監査委員等^注に対し、監査を求め、①当該行為の防止・是正に必要な措置、②当該怠る事実を改めるために必要な措置又は③当該行為・当該怠る事実によっ

て当該普通地方公共団体が被った損害を補てんするために必要な措置を講ずべきことを請求することができ（242条）、その結果に不服等がある場合、違法を理由とするものについては司法の判断を受けることができる（242条の2）〔114・116・118・120頁参照〕。

（注）条例の定めがある場合には、監査委員による監査に代えて個別外部監査契約に基づく監査によることを求められる〔142～145頁も参照〕。

《習得チェック》

□ 1. 普通地方公共団体の住民は、その国籍を問わず、当該普通地方公共団体の選挙権及び被選挙権を有する。

□ 2. 普通地方公共団体の住民は、普通地方公共団体の人事委員会又は公平委員会の委員の解職を請求する権利を有する。

□ 3. 住民監査請求は、普通地方公共団体の議会及び執行機関の担当するあらゆる事務を対象に行うことができる。

□ 4. 住民監査請求は、住民である限り、年齢、国籍、選挙権や納税義務を問わず、請求することができ、また、直接請求制度と異なり、1人で行うことができる。

□ 5. 住民監査請求を行うことができる住民は自然人に限られ、普通地方公共団体に主たる事務所を置く法人は、住民監査請求を行うことはできない。

住
民

●Points！

　普通地方公共団体は、法令に違反しない限りにおいてその事務に関し、条例を定めることができ（14条1項、憲法94条）、義務を課し、又は権利を制限するには、原則として条例によらなければならない（14条2項）。

【制定内容の制限】

　①法令に違反しないこと、②当該地方公共団体の事務に関するものであること（※法定受託事務も対象）、③長その他の執行機関の専属的権限に属しないものであること注、④市町村・特別区の場合、都道府県の条例に違反しないこと。
　（注）長の専属的権限に属するものとしては、職員定数や事務
　　　　部局設置などがある。

【罰則】

　条例に違反した者に、2年以下の懲役・禁錮、100万円以下の罰金、拘留、科料若しくは没収又は5万円以下の過料を科する旨の規定を設けることができる（14条3項）。

【効力】

　条例を制定した普通地方公共団体の区域に限られ、当該区域内にいる限り当該普通地方公共団体の住民でなくとも効力が及ぶのが原則である。例外としては、公の施設が区域外に設置された場合、事務の委託がなされた場合等がある。
　（注）条例は、施行後の適用が原則。ただし、権利利益を侵害せず、利益を与えるものは、施行前への遡及適用も可能。

【制定手続】

　提案：長並びに議会の議員及び委員会が提案権を持つ。条例案の内容により、長か議会の議員（委員会）かのいずれか

に提案権が専属するものがあると解されている。

※長は、必要な予算上の措置が適確に講ぜられる見込みが得られるまで予算を伴う条例案を提出できない。

議決：原則として出席議員の過半数〔例外は、51頁参照〕。

公布・施行：議決日から3日以内に議長が長に送付し、長は、再議等をしない場合、その日から20日以内に公布する。施行は、原則として公布日から起算して10日を経過した日となる。

《習得チェック》

- [ ] 1. 普通地方公共団体は、当該市町村の区域をその区域に含む都道府県の条例の内容に制約を受けることなく、条例を定めることができる。

- [ ] 2. 普通地方公共団体の条例の効力は、その普通地方公共団体の区域内にいる限り、当該普通地方公共団体の住民でなくとも及ぶのが原則である。

- [ ] 3. 普通地方公共団体の条例には、法令による個別的かつ具体的な委任がなければ、罰則を設けることはできない。

- [ ] 4. 普通地方公共団体の条例案の提出権は、長並びに議会の議員及び委員会に認められ、当該普通地方公共団体の長の直近下位の内部組織の設置及びその分掌する事務に関する条例案の提出権は長に専属し、議会の委員会の設置に関する条例案の提出権は議会の議員及び委員会に専属する。

---

*前項の正誤　1—×　2—×　3—×　4—○　5—×（法律上の行為能力を有する限り自然人たると法人たるとを問わない。行実昭和23年10月30日参照）　23

●Points！

　憲法94条の「条例」には、普通地方公共団体が定める「条例」のほか、長その他の執行機関が定める「規則その他の規程」を含むと解されている。

【長が定める規則】

　長は、法令に違反しない限りにおいて、その権限に属する事務に関し、規則を制定できる（15条１項）。

制定内容の制限：①法令に違反しないこと、②長の権限に属する事務に関するものであること、③市町村・特別区の長の場合、都道府県の条例に違反しないこと。

罰則：規則に違反した者に、５万円以下の過料を科する旨の規定を設けることができる（15条２項）。なお、条例の委任によっては規則に刑罰の規定を設けることはできない。

効力：条例と同様〔22頁参照〕。なお、条例と長の規則の競合的所管事項において、内容が矛盾抵触するときは、条例が優先的に効力を有するものと解されるとされている。

制定手続：施行日・公布については条例と同様〔23頁参照〕。

※新たな予算を伴う規則は、必要な予算上の措置が適確に講ぜられることとなるまで制定・改正できない。

【条例と規則等との住み分け】

法令の規定の態様	所管
①法令上条例で定めることが明示されている場合	条例
②法令上規則等で定めることが明示されている場合	規則等
③法令上条例・規則等のいずれで定めるかが明示されていない場合（長等の専属的権限に属する事項以外）	条例又は規則等

【長以外の執行機関が定める規則等】

　委員会は、法律の定めるところにより、法令又は条例若しく
は長が定める規則に違反しない限りにおいて、その権限に属す
る事務に関し、規則その他の規程を定めることができる（138
条の4第2項）。教育委員会規則、都道府県公安委員会規則等
がこれに当たる。

《習得チェック》

□ 1．普通地方公共団体の長が定める規則には、法令に特段
　　　の定めがない場合、刑罰を科する旨の規定を設けるこ
　　　とはできない。ただし、条例の委任があれば、刑罰を
　　　科する旨の規定を設けることができる。

□ 2．普通地方公共団体の間に上位下位の関係はないため、
　　　市町村の長は、都道府県の条例に何ら制約を受けるこ
　　　となく、規則を定めることができる。

□ 3．普通地方公共団体の長は、新たに制定しようとする規
　　　則が予算を伴うものである場合、必要な予算上の措置
　　　が適確に講ぜられる見込みが得られれば、その規則を
　　　制定することができる。

□ 4．普通地方公共団体の長が定める規則と当該普通地方公
　　　共団体の行政委員会が定める規則とが、所管の競合す
　　　る事項について、それぞれ矛盾する内容を定めた場
　　　合、長の定める規則の効力が優先する。

＊前項の正誤　1－×　2－○　3－×　4－○　　　　　25

議会の議員の選挙

●Points！

議会の議員は、その住民が直接選挙する（憲法93条2項）。

【選挙権】

都道府県議会の議員	日本国民で次のいずれかに該当する者は選挙権を有する。 ① 満18歳以上の者で引き続き3か月以上その都道府県内の同一の市町村に住所を有するもの ② 満18歳以上の者でその属する市町村を包括する都道府県の一の市町村の区域内に引き続き3か月以上住所を有していたことがあり、かつ、その後も引き続き当該都道府県内に住所を有するもの
市町村議会の議員	満18歳以上の日本国民であり、引き続き3か月以上当該市町村に住所を有する者は選挙権を有する。

【被選挙権】

議会の議員の選挙権を有する者で満25歳以上の者は、被選挙権を有する。

【選挙権・被選挙権の喪失】

①禁錮以上の刑に処せられ、その執行を終わるまでの者又はその執行を受けることがなくなるまでの者（選挙等に関する犯罪以外の罪による刑の執行猶予中の者を除く）、②公職にある間に犯した収賄等の罪により刑に処せられ、その執行が終了・免除となった者でその終了・免除の日から5年（被選挙権については10年）を経過しない者又はその刑の執行猶予中の者及び③選挙犯罪等により選挙権・被選挙権の停止期間中の者は選挙権・被選挙権を失う。

《習得チェック》

□1. 満18歳以上の日本国民で引き続き3か月以上都道府県の区域内の同一の市町村に住所を有する者は、当該都道府県議会の議員の選挙権を有する。

□2. 満25歳以上の日本国民が市町村の議会の議員の被選挙権を有するためには、引き続き3か月以上当該市町村の区域内に住所を有する必要がある。

□3. 満25歳以上の日本国民は、都道府県の区域内に住所を有していなくても、当該都道府県の議会の議員の被選挙権を有する。

□4. 罰金以上の刑に処せられ、その執行を終わるまでの者は選挙権及び被選挙権を有しない。

□5. 公職にある間に収賄の罪により懲役刑に処せられた者は、その執行を終えた時に選挙権及び被選挙権を回復する。

◉Points！　普通地方公共団体の長は、その住民が直接選挙。

1　選挙権

　議会の議員の場合〔26頁〕（喪失の要件も含む）と同じ。

2　被選挙権　※議会の議員の場合と違い、住所要件がない。

　都道府県知事：日本国民で満30歳以上の者

　市町村長：日本国民で満25歳以上の者

◉Points！

　選挙管理委員会は、選挙・投票等に関する事務を管理執行する執行機関として普通地方公共団体（指定都市にあっては、その区にも）に置かれる行政委員会〔80・81頁〕（合議制）であり、4人の選挙管理委員をもって組織される。委員の中から選挙された委員長が代表となる。

1　選挙管理委員の選任等

　以下の要件を満たす者について、議会の選挙で選任される。選任後、①の選挙権を有しなくなったとき又は③の者若しくは2(2)①の請負をする者等に該当するときは、失職する。また、④の事態となったときは、くじにより失職者が定められる。

①(その管轄区域における選挙の)選挙権を有すること。

②人格が高潔で、政治・選挙に関し公正な識見を有すること。

③選挙・投票・国民審査に関する罪を犯し刑に処せられた者でないこと。

④委員の2人が同時に同一の政党等に属する者とならないこと。

※同時に、欠員が生じた場合の補充員も同数（4人）選挙する。

2　選挙管理委員の身分関係

(1)　非常勤の特別職の地方公務員に当たり、任期は4年。

(2)　以下のような規律を受ける。

　①その職務に関し当該普通地方公共団体に対して請負をする者等になることができない。

②長・議会の議員・国会議員・検察官・警察官・収税官吏・公安委員会の委員との兼職はできない。

③職務上知り得た秘密を漏らしてならない（退職後も同様）。

④選挙運動はできない。

(3) 議会は、選挙管理委員について以下の事由を認めるときは、議決により罷免できる（議会の委員会での公聴会が必要）。

①心身の故障のため職務の遂行に堪えないこと。

②職務上の義務違反その他委員たるに適しない非行がある。

3　その他

(1) 選挙管理委員会の処分・裁決に係る訴訟（被告となるもの）は、選挙管理委員会が当該普通地方公共団体を代表する。

(2) 選挙管理委員会には、書記長（都道府県・市の場合のみ）、書記その他の職員が置かれる。

《習得チェック》

□1．市町村長の選挙に立候補するためには、年齢が満25歳以上であるとともに、当該市町村の区域内に住所を有している必要がある。

□2．満18歳以上で引き続き3か月以上同一の都道府県の区域内に住所を有する者は、当該都道府県知事の選挙の選挙権を有する。

□3．都道府県知事の選挙に立候補するためには、年齢が満30歳以上であるとともに、当該都道府県知事の選挙の選挙権を有している必要がある。

□4．普通地方公共団体の選挙管理委員は、当該普通地方公共団体の長が、選挙権を有する者のうちから選任する。

□5．政党その他の政治団体に所属する者は選挙管理委員となることができない。

*前項の正誤　1―×　2―×（一度は都道府県内の一の市町村の
区域内に引き続き3か月以上住所を有する必要がある）　3―×
4―×　5―×（政党等への所属自体に制限はない）

●Points！

　選挙権を有する住民は、一定数の署名をもって、普通地方公共団体の一定の活動について直接請求できる。

【直接請求の要件と請求先】

種類	署名数（選挙権を持つ者の総数が母数）	請求先
条例の制定改廃請求	50分の1以上	長
事務の監査請求		監査委員
議会の解散請求	3分の1以上 ※総数が40万を超える場合、80万を超える場合については要件が緩和される。	選挙管理委員会
議員の解職請求		
長の解職請求		
主要公務員[注]の解職請求		長

（注）主要公務員とは、副知事、副市町村長、総合区長、選挙管理委員、
　　　監査委員及び公安委員会委員のことをいう。

【条例の制定改廃請求の流れ】

　条例の制定改廃請求[注1]は、①代表者の請求→②請求要旨の公表→③議会の招集・条例案の提案（意見付き）[注2]→④議決[注3]→⑤結果の代表者への通知・一般への公表という流れとなる。

　　（注1）地方税の賦課徴収及び分担金等の徴収に関する条例
　　　　　の制定・改廃の請求はできない。
　　（注2）議会招集は、請求受理日から20日以内とされている。
　　（注3）議会の審議の際には、請求者の代表者に意見を述べ
　　　　　る機会を与えなければならない。修正議決も可能。

【事務の監査請求の流れ】

　事務の監査請求（自治事務も法定受託事務も対象）は、①代表者の請求→②請求要旨の公表→③監査委員による監査[注4]→

④監査委員の合議による監査結果に関する報告の決定^{注5}→⑤報告の代表者への送付・一般への公表・議会、長及び関係執行機関への提出という流れとなる。

  （注4）条例の定めがある場合には、通常の監査に代えて個別外部監査契約に基づく監査によることを求められる〔142～145頁参照〕。

  （注5）各監査委員の意見が不一致の事項がある場合には、その旨及び当該事項についての各監査委員の意見も報告。

《習得チェック》

□1．条例の制定改廃の請求は、選挙権を有する者の50分の1以上の連署をもって長に対してなされ、長は議会に条例案の提案を行うが、議会は当該条例案を修正することはできない。

□2．条例の制定改廃の請求者の署名に関し、国若しくは地方公共団体の公務員又は行政執行法人若しくは特定地方独立行政法人の役員若しくは職員が、その地位を利用して署名運動したときは、罰則規定の適用を受ける。

□3．事務の監査請求は、選挙権を有する者の50分の1以上の連署をもって、その代表者から、普通地方公共団体の議会に対し、監査の請求を行うよう求める請求である。

□4．事務の監査請求の対象は、普通地方公共団体の事務のうち自治事務に限られる。

＊前項の正誤　1―×　2―×（少なくとも一度は都道府県の区域内の一の市町村の区域内に引き続き3か月以上住所を有する必要がある。28頁参照）　3―×　4―×　5―○　　31

●Points！

【議会の解散請求の流れ】

　議会の解散請求は、①代表者の選挙管理委員会への請求→②請求要旨の公表→③選挙人の投票→（④解散^注）→⑤結果の代表者及び議長への通知・一般への公表・長への報告という流れとなる。

　（注）選挙人の投票で過半数の同意があった場合

【議員・長の解職請求の流れ】

　議員・長の解職請求は、①代表者の選挙管理委員会への請求→②請求要旨の公表→③選挙人の投票→（④解職^{注1}）→⑤結果の代表者、解職請求された議員・長及び議長への通知・一般への公表（・長への報告^{注2}）という流れとなる。

　（注1）選挙人の投票で過半数の同意があった場合
　（注2）議員の解職請求の場合

【主要公務員の解職請求の流れ】

　主要公務員の解職請求は、①代表者の長に対する請求→②請求要旨の公表→③議会への付議→（④解職^注）→⑤結果の代表者及び関係者への通知・一般への公表という流れとなる。

　（注）議会の議員の3分の2以上の者が出席し、その4分の3以上の者の同意があった場合

【請求の制限期間】

　議会の解散請求、議員・長の解職請求及び主要公務員の解職請求は、次の期間行うことができない。

　議会の解散請求：一般選挙の日から1年間及び前の投票の日から1年間

　議員・長の解職請求：就職の日から1年間及び前の投票の日

から１年間　※無投票当選したものにつきこの制限はない。

主要公務員の解職請求：副知事・副市町村長・総合区長は就
職の日から１年間及び前の議決の日から１年間、それ以外
の主要公務員は就職の日から６か月及び前の議決の日から
６か月

《習得チェック》

□１．選挙権を有する者は、一定数以上の連署をもって、普
通地方公共団体の長に対し、議会の解散請求を行うこ
とができる。

□２．選挙権を有する者は、一定数以上の連署をもって、普
通地方公共団体の選挙管理委員会に対し、議会の議員
の解職請求を行うことができ、当該請求が成立し、選
挙人の投票において３分の２以上の同意があった場
合、当該議員は失職する。

□３．選挙権を有する者は、一定数以上の連署をもって、都
道府県知事に対し、当該都道府県の副知事の解職請求
を行うことができ、当該請求が成立し、議会に付議さ
れ、議員定数の半数以上の者が出席し、その３分の２
以上の者の同意があったとき、当該副知事は失職する。

□４．普通地方公共団体の長の解職請求は、通常その就職の
日から１年間及び前の解職の投票の日から１年間は行
うことができないこととされているが、当該長が無投
票当選し長となった者である場合には、そういった制
限はない。

---

*前項の正誤　１―×　２―○（違法な署名活動に罰則あり（74条
の４））　３―×　４―×

●Points！

　普通地方公共団体は、議会を置くこととされ、議会は直接住民に選挙された議員によって組織される（89条１項、憲法93条１項・２項）。ただし、町村については、議会に代えて、選挙権を有する者の総会（いわゆる町村総会）を設けることができることとされている（94条、95条）。

（注）町村総会は、憲法93条１項の議事機関としての議会に該当するものと解されている。

【議員】議員は、議会の基本的な構成員である。
　定数：条例で定める数（90条１項、91条１項）
　　※定数の変更は、一般選挙の場合のみ（90条２項、91条２項）。
　　※法定の上限値は撤廃されている（平成23年８月）。
　任期：議員の任期は原則４年（93条１項）。補欠議員の任期は前任者の残任期間、増員選挙により選出された議員の任期は一般選挙により選出された議員の任期満了までの期間

【会議（本会議）】議員全員をもって組織され、議会としての意思を決定する〔50・52頁参照〕。

【委員会】議員の一部によって構成される任意設置の会議体。議会の権限の一部を分担〔46・48頁参照〕。

【議長・副議長】議会は、議員の中から議長と副議長をそれぞれ１人選挙しなければならない（103条１項）。
　任期：議員の任期による（同条２項）。
　　※議会の許可を得ての辞職は可能（副議長は、閉会中は、議長の許可を得ての辞職が可）（108条）。
　議長の権限：議場の秩序保持権、議事整理権、議会事務の統

理権、議会代表権、委員会への出席・発言権、議会の処分等に係る訴訟（被告の場合）の代表権（104条～105条の2）等。
副議長の権限：議長の事故・欠員のときの代理（106条1項）。
（注）議長・副議長の両者に事故があるときは「仮議長」を選挙し、議長の職務を行わせる（106条2項）。
議長・副議長の選挙等において議長の職務を行う者がないときは、年長の議員が臨時に議長の職務を行う（臨時議長）（107条）。

【協議・調整の場】議会は、会議規則の定めるところにより、議案の審査・議会の運営に関し協議・調整を行うための場を設けることができる（100条12項）。

【議会事務局】都道府県は必置、市町村は条例による任意設置。事務局には、事務局長、書記等を置く（138条1項～3項）。
　　※事務局を置かない市町村の議会には、書記長、書記等を置くものとするが、町村では書記長を置かないことも可（138条4項）。
　　※常勤の職員の定数は、条例で定める（138条6項）。

《習得チェック》

□1．都道府県は議会を置かなければならないが、市町村は議会に代えて選挙権を有する者の総会を設けることができるとされる。

□2．普通地方公共団体の議会の議員の定数は条例で定めることとされ、その任期は法律で定められている。

□3．議長は、議員としての資格を失う場合のほか、議会の許可なくその職を辞することはできない。

議

会

●Points！

1　議会の議決権

　議決権とは、普通地方公共団体の主要な事務について、団体意思を決定する権限であり、議会の有する権限のうちで最も基本的かつ本質的なものである。

2　議会の議決事項

　議会の権限は、普通地方公共団体の事務の全てに及ぶものではなく、議決を要する事件は、96条に制限列挙されている。

①条例の制定・改廃

②予算を定めること

　※議会の予算の増額修正は長の提案した予算の趣旨を損なわない限りで可能（97条2項）。減額修正に制限はない。

③決算の認定

④地方税の賦課徴収・使用料等の徴収に関すること

⑤種類及び金額について政令で定める基準に従い条例で定める契約の締結

⑥条例で定められていない財産の交換・譲渡・貸付等

⑦不動産の信託

⑧条例で定める財産の取得・処分

⑨負担付寄付・贈与を受けること

⑩権利の放棄

⑪条例で定める重要な公の施設につき条例で定める長期かつ独占的な利用をさせること

⑫訴えの提起、和解等に関すること

　※行政庁の処分に係る当該普通地方公共団体を被告とする抗告訴訟等や当該普通地方公共団体の被告としての応訴は対象外。

⑬損害賠償の額を定めること

　※判決によって確定した損害賠償額は議決不要。

⑭区域内の公共的団体等の活動の総合調整に関すること

⑮法令により議会の権限に属する事項

の15項目である（96条1項）。

　なお、上記のほか、制限列挙の例外として、条例により議決事件を追加できることとされている（同条2項）。

　※法定受託事務も議会の議決事件とすることが可能だが、国の安全に関することその他の事由により議決対象とすべきものとすることが適当でないものとして政令で定められたものは不可。また、自治事務か法定受託事務かにかかわらず、①法令等により執行が義務付けられ、その執行について改めて普通地方公共団体としての判断の余地がない、機械的な事務、②法令又は事務の性質等から執行機関に専属する事務に係る事件は、議決対象とすることはできない。

《習得チェック》

☐ 1．普通地方公共団体の議会による議決は政治的な効果しかなく、議決を要する事件について議決を欠いたとしても執行行為が無効となることはない。

☐ 2．普通地方公共団体の議会による予算の修正は、減額・増額問わず当該地方公共団体の長の予算の提出権を侵さない範囲に制限される。

☐ 3．普通地方公共団体が訴えを提起する場合は議会の議決が必要であるが、普通地方公共団体が訴訟上の和解をする場合は議会の議決は不要である。

議

会

●Points！

　普通地方公共団体の議会は、その普通地方公共団体の事務[注]に関する調査を行うことができ、そのため特に必要と認めるときは関係人の出頭・証言・記録提出を請求することができる（100条1項。いわゆる**百条調査権**）。調査権の本質は、議会の有する諸権限を担保するための補助的権限。ただし、議会は、関係人が公務員として知り得た事実については、職務上の秘密に属するものとの申立てを受けたときは、認定権限を持つ官公署の承認がなければ証言・記録提出を請求できない（同条4項）。

（注）自治事務・法定受託事務のいずれも対象となる。ただし、労働委員会・収用委員会の権限に属する自治事務であって政令で定めるもの及び国の安全を害するおそれがあること等の事由により調査対象とすることが適当でない法定受託事務であって政令で定めるものは除かれ、調査できない。

【百条調査権の主体】

　百条調査権は、議会の権限であり、委員会は議会の議決による個別の委任により調査権を行使できる。実際は、委任を受けた特別委員会（いわゆる百条委員会）が主体となるのが通常である。

　調査の実効性を担保するための強制力が付与されている点（100条3項・7項）、議会から付託された事件についてその付託の限りで調査を行う点で、一般的調査権（109条2項）とは異なる。

【出頭等の請求の効果】

　正当な理由なく不出頭・証言拒否・記録不提出を行った場合は6月以下の禁錮又は10万円以下の罰金、虚偽証言を行った場合は3月以上5年以下の禁錮（100条3項・7項）。調査終了前

に、虚偽証言を自白した場合には、刑を減軽・免除することができる（同条 8 項）。

【調査権と守秘義務との調整】

官公署が職務上の秘密に属するものについて証言又は記録の提出の承認を拒むときは、官公署は理由を疎明しなければならない。議会は疎明に理由がないと認めるときは官公署に対し公の利益を害する旨の声明を要求できる。官公署が20日以内に声明をしないときは証言又は記録の提出をしなければならない（100条 4 項〜 6 項）。

《習得チェック》

□ 1. 普通地方公共団体の議会は、当該普通地方公共団体の事務に関する調査を行うとき、関係人の出頭を請求することができるが、その権限を委員会に行使させることはできない。

□ 2. 普通地方公共団体の議会は、当該普通地方公共団体の事務に関する調査を行うとき、関係人に記録の提出を請求することができるが、それを受けて関係人が正当な理由なく記録を提出しなくても、罰則の適用はない。

□ 3. 普通地方公共団体の議会は、関係人が公務員として知り得た事実について職務上の秘密に属するものである旨の申立てを受けたときは、当該事実に関する証言・記録提出を請求することができない。

議

会

●Points！

【選挙権】

　議長・副議長、選挙管理委員・補充員等、特定の地位に就くべき者を選び、決定する（97条1項）。

【検査権・監査請求権】

　検査権：議会は、当該普通地方公共団体の事務全般[注]に関する書類及び計算書を検閲し、執行機関の報告を請求して、当該事務の管理、議決の執行及び出納を検査できる（98条1項）。もっぱら書面による検査で、実地検査は不可。

　監査請求権：議会は、監査委員に対し、当該普通地方公共団体の事務全般[注]に関する監査を求め、その監査の結果に関する報告を請求できる（98条2項）。監査委員による監査は、実地検査が可。条例の定めがある場合には、監査委員による監査に代えて個別外部監査契約に基づく監査を求めることもできる〔142～145頁も参照〕。

（注）①自治事務のうち労働委員会・収用委員会の権限に属する事務で政令で定めるもの、②法定受託事務のうち国の安全を害するおそれがあることその他の事由により議会の検査・監査の対象とすることが適当でないものとして政令で定めるものは、対象外。

【意見書提出権】

　議会は、当該普通地方公共団体の公益に関する事件につき意見書を国会又は関係行政庁に提出することができる（99条）[注]。国会・関係行政機関は、受理義務はあるが、回答義務はなく、拘束されることもない。

（注）令和6年4月から、オンラインによる提出が可能（138条の2）。

【請願を受理する権利】

　議会は、採択した請願で執行機関において措置することが適当と認めるものについては、その執行機関に送付し、かつ、その請願の処理の経過及び結果の報告を請求することができる（125条）。

　なお、議会への請願[注]は、議員の紹介がなければならない（124条）。日本国民・外国人を問わず、当該普通地方公共団体の住民である必要もない。

（注）令和6年4月から、オンラインにより行うことも可能（138条の2）。

【その他】

　会議規則の制定（120条）、議員辞職の許可（126条）、議員の懲罰（134条1項）など。

《習得チェック》

□ 1．議会は、当該普通地方公共団体の事務の全てについて、監査委員に対し、監査を求め、その監査の結果に関する報告を請求できる。

□ 2．議会は、当該普通地方公共団体の事務の管理について書類及び計算書の検閲や執行機関からの報告による検査を行うことはできるが、自ら実地検査を行うことはできない。

□ 3．議会は、当該普通地方公共団体の公益に関する事件につき意見書を国会、関係行政庁及び裁判所に対して提出することができる。

□ 4．議会への請願は、議員の紹介がなければならないが、当該普通地方公共団体の住民である必要はない。

議
会

◉Points！

【種類】

　議会は、**定例会**と**臨時会**の2つがある（102条1項）。定例会は、毎年、付議事件の有無にかかわらず、条例で定める回数招集しなければならず（同条2項）、臨時会は、必要がある場合において、その事件に限り招集する（同条3項）。

（注）条例により、定例会・臨時会に分けず、通年の会期とすることができる（102条の2第1項）〔44頁参照〕。

【招集】

　議会の招集は、議会の活動の前提となる行為であり、期日・場所等を指定して行われる。

　主体：原則として長（101条1項〜4項）。

　　　　ただし、臨時会については、①議長による議会運営委員会の議決を経ての招集請求又は②定数の4分の1以上の議員による招集請求の日から20日以内に長が招集しなかった場合は、議長が招集する（同条5項・6項）。②の場合、請求をした議員の申出に基づき、その申出の日から10日（町村は6日）以内に招集しなければならない。

　（注）通年議会を採用した場合は、一般選挙後の招集を除き、条例で定めた会期の開始日の到来をもって長が招集したものとみなされる（102条の2第2項）。

　方法：緊急の場合を除き、開会日前7日（町村は3日）までに告示により行う。臨時会の場合は、あらかじめ付議すべき事件を告示する（101条7項、102条4項）。

　（注）令和4年の改正により、招集の告示をした後に、災害等やむを得ない事由により当該招集日に会議を開くことが困難であると認めるときは、当該招集に係る開会の日

を変更することができることが法文上明確化された〔令和4年12月16日施行〕。

【審議対象】

定例会は、付議事件の全て。臨時会は、あらかじめ告示された付議事件のみ、ただし、緊急を要する事件については、直ちに付議することが可能（102条6項）。

【会期等】

会期、会期の延長、開会・閉会に関する事項は、議会が定める（102条7項）。なお、会期中に議決されなかった案件は、原則として次の会期に引き継がれない〔52頁参照〕。

《《習得チェック》》

□ 1．定例会は、毎年、6回を超えない範囲内で条例で定める回数招集しなければならない。

□ 2．議長は、議会運営委員会の議決を経て、会議に付議すべき事件を示し長に対して臨時会の招集を請求することができ、長はその請求のあった日から20日以内に臨時会を招集しなければならない。

□ 3．長は、付議事件がない場合でも、毎年、条例で定める回数の定例会を招集しなければならない。

□ 4．臨時会は、必要がある場合において、その事件に限り招集されるものではあるが、あらかじめ付議する事件として告示された事件以外の事件についても議会の判断で自由に審議することができる。

議
会

●Points！

条例により、定例会・臨時会に分けず、**通年の会期**とすることができる。

【会期】

毎年、条例で定める日（この日の到来をもって長による招集があったものとみなされる）から翌年の当該日の前日まで（102条の2第1項・2項）。ただし、会期中に、

・議員の任期が満了したとき→任期満了の日
・議会が解散されたとき→解散の日
・議員が全ていなくなったとき→議員が全ていなくなった日
をもって会期は終了し、長は一般選挙により選出された議員の任期開始日から30日以内に議会を招集しなければならない。この新たに招集された議会の会期は、招集日から同日後最初の通年の会期開始の日の前日までとなる（同条3項・4項）。

【定例日】

通年の会期の議会は、条例で、定期的に会議を開く日（定例日）を定めなければならない（102条の2第6項）。

【長による定例日以外の日の会議の請求】

長は、議長に対し、会議に付議すべき事件を示すことにより定例日以外の日の会議の開催を請求することができ、議長は、その請求の日から7日（町村は3日）以内に会議を開催しなければならない（102条の2第7項）。

【議会への出席義務】

議会の審議に必要な説明のため議長から議会への出席を求められた場合の長等の出席義務は、通年の会期を採用する場合、①定例日に開かれる会議の審議又は②議案の審議に限定される

（102条の2第8項、121条1項）。なお、通年の会期の議会の議長には執行機関の事務に支障を及ぼすことのないよう配慮義務が定められている（同条2項）。

《習得チェック》

☐1．通年の会期を採用する普通地方公共団体の議会の会期は、議会の解散の日に終了し、その後、一般選挙により選出された議員の任期開始日から30日以内に長は議会を招集しなければならない。

☐2．通年の会期を採用する普通地方公共団体の議会は、条例で、定期的に会議を開く日（定例日）を定めなければならず、その日は月1回以上でなければならない。

☐3．通年の会期を採用する普通地方公共団体の長は、議長に対し、会議に付議すべき事件を示すことにより定例日以外の日の会議の開催を請求することができるが、会議を開催するかどうかは、議長の裁量に委ねられている。

☐4．通年の会期を採用する普通地方公共団体においては、議会の審議に必要な説明のため議長が長に対し議会の審議への出席を求めたとしても、定例日以外の議案の審議について長に出席義務はない。

議

会

●Points！

　普通地方公共団体の議会は、条例により、**常任委員会**、**議会運営委員会**及び**特別委員会**を置くことができる（109条1項）。

　これらの委員会は、任意設置の議会の内部組織として、比較的少数の議員により構成され、議会の権限の一部を分担する組織である。

1　常任委員会

　担当部門に属する普通地方公共団体の事務に関する調査を行い、議案、請願等を審査する（109条2項）。

（注）担当部門の割り振りについては、昭和31年改正前は「事務に関する部門ごとにこれを設ける」とされていたが、現行法では縦割り・横割りいずれの方式も採用できる。委員会の数や種類、委員の選任方法や在任期間についても、各普通地方公共団体がその必要に応じて定める。

2　議会運営委員会

　①議会の運営に関する事項、②議会の会議規則、委員会に関する条例等に関する事項、③議長の諮問に関する事項に関する調査を行い、議案、請願等を審査する（109条3項）。

3　特別委員会

　議会の議決により付議された事件を審査する（109条4項）。

　特別委員会の活動は、原則として、案件を付議された議会の会期中に限定されるが、議会の議決により継続審査とすることができる（109条8項）。なお、会期中でも付議された事件の調査審議が終了すれば消滅し、会期中に調査審議が終了しない場合も継続審査とならない限り会期の終了とともに消滅する。

〈留意すべき事項〉

　かつては、議員は少なくとも1つの常任委員会の委員にならなければならないこと、議員は複数の常任委員会には所属できないこと、常任委員会の数の上限等が法定されていたが、現在は、委員の選任その他委員会に関し必要な事項は条例で定めることとされている（109条9項）。

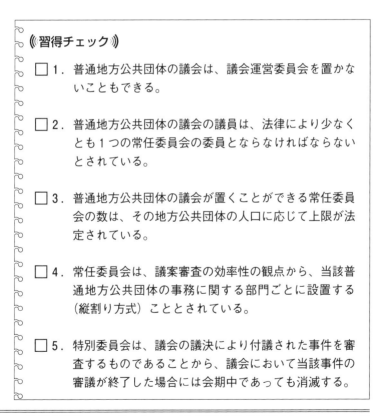

《習得チェック》

□ 1. 普通地方公共団体の議会は、議会運営委員会を置かないこともできる。

□ 2. 普通地方公共団体の議会の議員は、法律により少なくとも1つの常任委員会の委員とならなければならないとされている。

□ 3. 普通地方公共団体の議会が置くことができる常任委員会の数は、その地方公共団体の人口に応じて上限が法定されている。

□ 4. 常任委員会は、議案審査の効率性の観点から、当該普通地方公共団体の事務に関する部門ごとに設置する（縦割り方式）こととされている。

□ 5. 特別委員会は、議会の議決により付議された事件を審査するものであることから、議会において当該事件の審議が終了した場合には会期中であっても消滅する。

議

会

●Points !

　普通地方公共団体の議会の委員会は、各々の担当する部門に関する調査・審査を行うために、公聴会の開催、参考人の出頭の求め、議案の提出、閉会中の継続審査を行うことができる。なお、議会からの権限の賦与があった場合には、百条調査権〔38頁参照〕を行使することも可能である。

1　公聴会の開催

　委員会は、重要な議案、請願等について公聴会を開き、真に利害関係を有する者又は学識経験を有する者等から意見を聴くことができる（109条5項が準用する115条の2第1項）。

2　参考人の出頭の求め

　委員会は、当該普通地方公共団体の事務に関する調査・審査のため必要があると認めるときは、参考人の出頭を求め、その意見を聴くことができる（109条5項が準用する115条の2第2項）。
（注）100条1項に基づく関係人の出頭請求とは異なり、罰則は定められていない。

3　議案の提出

　委員会は、議会の議決すべき事件のうちその部門に属する当該普通地方公共団体の事務に関するものについて、議会に議案（予算は除かれる）を提出することができる（109条6項・7項）注。
（注）従来、議案の提出は文書をもって行うこととされていたが、令和6年4月からオンライン提出も可能とされている。

4 閉会中の継続審査

委員会は、議会の議決により付議された特定の事件について、閉会中も審査することができる（109条8項。会期不継続の原則の例外）。なお、閉会中も審査することとされた事件は、次の会期にも継続すると解されており、次の会期を迎えた際に改めて提案し直す必要はない。

《習得チェック》

□ 1. 普通地方公共団体の議会の委員会が重要な議案、請願等について公聴会を開催するには、議会の議決を要する。

□ 2. 普通地方公共団体の議会の委員会は、議会からの権限の賦与がなくとも、担当する部門に関する調査又は審査のため必要があると認めるときは、参考人の出頭を求めることができる。

□ 3. 普通地方公共団体の議会の委員会から、出頭を求められた参考人が正当な理由がないにもかかわらず出頭しなかった場合、罰則の適用がある。

□ 4. 普通地方公共団体の議会の委員会は、その担当する部門に属する事務に関する予算を議会に提出することができる。

□ 5. 普通地方公共団体の議会の委員会は、議会の議決により付議された特定の事件について閉会中も審査できるとされているが、これにより、当該事件が後会に継続するわけではない。

議
会

●Points !

【会議の定足数】

　会議の開会、会議の継続及び議案等の議決は、原則として、議員定数の半数以上の議員（議長も含む）が出席しなければ行うことはできない（113条本文）。ただし、①除斥[注]により半数に達しない場合、②同一の事件につき再度招集してもなお半数に達しない場合（臨時会に限られる）又は③招集に応じても出席議員が定数（定足数）を欠き議長において出席を催告してもなお半数に達しない場合若しくは一度半数に達した後再度半数に達しなくなった場合は、会議を開くことができる（同条ただし書）。

（注）議長・議員は自己・父母等の一身上に関する事件や従事する業務に直接利害関係のある事件の議事に参与できない。ただし、議会の同意があったときは、会議に出席し、発言することができる（117条）。

【会議の開閉】

　会議の開閉の権限は議長にあるが（104条）、議員の定数の半数以上の者から請求があるときは、議長は、その日の会議を開かなければならない（114条1項）。

　開議請求により会議を開いたとき、又は議員中に異議があるときは、議長は、会議の議決によらない限り、その日の会議を閉じ又は中止できない（同条2項）。

【議決要件】

　議事は、原則として、出席議員（議長を除く[注]）の過半数で決し、可否同数のときは、議長が決する（116条）。

（注）議長が表決に加わることができないのは、過半数議決の場合に限られ、特別多数議決及び選挙の場合は、表決及び

投票ができる。

【会議の定足数と議決要件の特例】

議決事件	議事要件	議決要件
事務所の位置の条例（4条3項）	議員定数の2分の1	出席議員の3分の2
秘密会の開催（115条1項ただし書）		
議員の資格決定（127条1項）		
条例又は予算の再議（176条3項）		
特に重要な公の施設の廃止等（244条の2第2項）		
副知事等の解職請求の同意（87条1項）	在任議員の3分の2	出席議員の4分の3
議員の除名の同意（135条3項）		
長の不信任（178条1項・3項）		
解散後の再不信任（178条2項・3項）		出席議員の過半数
議会の自主解散（地方公共団体の議会の解散に関する特例法2条2項）	在任議員の4分の3	出席議員の5分の4

《習得チェック》

□1. 議会は、原則として、議員の定数の半数以上の議員が出席しなければ会議を開くことができない。この出席議員数には、議長は含まれない。

□2. 臨時会を招集したが、定足数を満たさなかったために開会できず、その後、同一の事件について再度臨時会の招集がなされた場合には、定足数を満たさなくとも開会することができる。

□3. 議会の議事は、原則として、出席議員の過半数で決する。この出席議員数には、議長が含まれる。

議

会

◉Points！

　議会の会議に関しては、50頁の定足数と議決要件に加えて、①**会議公開の原則**、②**会期不継続の原則**、③**一事不再議の原則**が重要である。また、平成24年改正で公聴会の開催と参考人の出頭の求めが明文化された。

1　会議公開の原則（115条1項本文）

　議会の会議を公開するという原則。これは、会議の傍聴を自由にすることだけでなく、会議録（123条1項により議長には会議録の作成義務がある）の閲覧を自由にすることをも求めるものである。例外としては、議長又は議員3人以上の発議により出席議員の3分の2以上の多数で議決した場合の秘密会がある（115条1項ただし書）。この場合の発議は、討論を行わないでその可否を決しなければならない（同条2項）。

　（注）会議公開の原則は、委員会の会議は対象となっていない。

2　会期不継続の原則（119条）

　会期中に議決に至らなかった事件は、後会に継続しないという原則。例外としては、委員会の閉会中の継続審査がある（109条8項）〔49頁参照〕。

3　一事不再議の原則

　一度議決された事件については、同一会期中は再び議決をしないという原則。法律に根拠はないが、会議規則において通常規定されている。例外としては、長による再議（176条、177条）があるほか、議決する際に前提としていた事情に大きな変動があった場合等においては、この原則の適用はないものと解されている。

4 公聴会の開催・参考人の出頭の求め（115条の2）

　平成24年改正により、従来事実上行われてきた公聴会の開催
と参考人の出頭の求めが法定された。公聴会に参加した者、参
考人へは要した実費を弁償しなければならない（207条）。

《習得チェック》

☐ 1．議会の会議の傍聴は自由にすることができるが、会議
　　　録の閲覧を自由に認めるかどうかについては各普通地
　　　方公共団体の判断による。

☐ 2．議会は、議長又は議員3人以上の発議により、出席議
　　　員の3分の2の多数で議決したときは、秘密会を開く
　　　ことができる。

☐ 3．議会の委員会についても会議と同様に公開しなければ
　　　ならない。

☐ 4．会期中に議決に至らなかった事件は、原則として後会
　　　に継続しない。

☐ 5．一度議決された事件については、いかなる事情が生じ
　　　ようとも、同一会期中は再び議決してはならない。

議

会

●Points！

　議員の地位・身分については、**兼職の禁止、兼業の禁止、政務活動費**等が定められている。

※定数・任期については、34頁参照。

【兼職の禁止】

　衆・参両議院議員、他の普通地方公共団体の議会の議員・長、副知事・副市町村長、常勤の職員、短時間勤務職員、選挙管理委員、裁判官、教育委員会の教育長・委員、人事委員会・公平委員会の委員等と兼職することができない（92条、141条2項、166条2項、182条7項、裁判所法52条1号、地方教育行政の組織及び運営に関する法律6条、地方公務員法9条の2第9項等）。なお、監査委員との兼職は可能（196条1項）。

【兼業の禁止】

　議員は、一定の経済的又は営利的業務への従事が制限されている（いわゆる請負禁止）。具体的には、①その属する地方公共団体に対し請負をする一定の者注及びその支配人、②主としてその地方公共団体に対し請負をする法人の役員（無限責任社員、取締役、執行役、監査役等）であることができない（92条の2）。なお、ここにいう「請負」は業として行う工事の完成・作業等の役務の給付又は物件の納入等の取引で当該普通地方公共団体が対価の支払をすべきもの。

　（注）令和5年3月から、議員のなり手不足を背景として、各会計年度に支払を受ける請負の対価の総額が議会の適正な運営を確保する観点から政令で定める額（300万円。令121条の2）を超えない者は対象から除かれる。

【政務活動費】

　普通地方公共団体は、条例の定めるところにより、その議会

の議員の調査研究その他の活動に資するため必要な経費の一部
として、その議会における会派又は議員に対し、政務活動費を
交付することができる。交付の対象、額及び方法並びに充当可
能な経費の範囲は条例で定める（100条14項）。

　政務活動費の交付を受けた会派又は議員は、条例で定めると
ころにより、その収入及び支出の状況を議長に報告する（100
条15項）注。

　平成24年改正で、「政務活動費」という名称となり、交付目
的が「議員の調査研究その他の活動に資するため」と改められ、
また、議長の使途の透明性の確保の努力義務（100条16項）が
新たに設けられた。

（注）令和6年4月から、オンラインによる提出が可能に。

《習得チェック》

☐ 1. 普通地方公共団体の議会の議員は、衆議院議員、参議
　　　院議員又は他の普通地方公共団体の長若しくは議員と
　　　の兼職はできないが、副知事又は副市町村長との兼職
　　　は許される。

☐ 2. 普通地方公共団体の議会の議員は、選挙管理委員、教
　　　育委員会委員との兼職はできないが、監査委員との兼
　　　職は許される。

☐ 3. 普通地方公共団体から当該普通地方公共団体の議会の
　　　会派又は議員へ交付された政務活動費は、いかなる使
　　　途にも用いることが可能である。

☐ 4. 普通地方公共団体から政務活動費を交付された会派又
　　　は議員はその政務活動費の収入及び支出の状況を議長
　　　に報告しなければならず、議長はその報告の内容を公
　　　開しなければならない。

議

会

◉Points！
議員の失職事由は、次の場合に限られている。

1　**任期満了**（93条）

2　**議会の解散**
　①不信任議決により長が行う解散（178条1項）
　②住民の直接請求に基づく解散（13条1項、76条1項）
　③議会の自主解散（地方公共団体の議会の解散に関する特例
　　法）

3　**選挙又は当選の無効**

4　**兼職禁止への該当**（92条）
　※直ちに議員の地位を失うかどうかについて反対説もあり、
　　要注意（地位は残り、禁止の対象となる他の職に就くこと
　　の方が否定されるとする説）。

5　**辞職**（126条）
　議員は、議会の許可を得て辞職することができる。ただし、
閉会中においては、議長の許可を得て辞職することができる。

6　**被選挙権の喪失・兼業禁止への該当**（127条）
　被選挙権の喪失又は兼業禁止の事由に該当するかについては、
次に掲げる者に該当するため被選挙権を有しない場合を除き、
議会が決定する（出席議員の3分の2以上の多数により決定）。
①禁錮以上の刑に処せられ、その執行を終わるまでの者又はそ
　の執行を受けることがなくなるまでの者（刑の執行猶予中の
　者を除く）
②公職にある間に犯した収賄等の罪により刑に処せられ、その

執行が終了・免除となった者でその執行の終了・免除の日から10年を経過しない者又はその刑の執行猶予中の者

③選挙犯罪等により禁錮以上の刑に処せられ、その刑の執行猶予中の者

④公職選挙法に定める選挙に関する犯罪や政治資金規正法に定める犯罪により、被選挙権が停止されている者

7　除名（135条）

議員定数の8分の1以上の者により懲罰動議が提出され、在職議員の3分の2以上の出席の下、4分の3以上の者の同意があった場合、失職する。

8　解職請求に基づく投票による失職（80条、83条）〔30・32頁参照〕

《習得チェック》

□1．議員は、議会の開会中、閉会中を問わず、議長の許可を得て辞職することができる。

□2．議員は、被選挙権の喪失により失職する。この場合の被選挙権の喪失の判断は、裁判所が行う。

□3．議員は、兼業禁止に該当することについて議会において出席議員の過半数により決定された場合には、失職する。

□4．議員は、議員定数の10分の1以上の者により懲罰動議がなされ、議員定数の3分の2以上の出席の下、4分の3以上の者の同意があった場合、失職する。

議

会

●Points！

【長の地位】

　都道府県に知事、市町村に市町村長が置かれ（139条）、当該普通地方公共団体を統轄・代表する（147条）。

【長の選挙権と被選挙権】（公職選挙法9条・10条）

・選挙権：議会の議員の選挙権と同じ（26頁参照）。

・被選挙権：日本国民で、**知事は年齢満30歳以上**、**市町村長は満25歳以上の者**（当該自治体の**住民であることは不要**）

【長の任期】

　4年（140条1項）

【長の兼職・兼業の禁止】（141条、142条等）

(1) **兼職の禁止**：国会議員、自治体の議員・常勤職員・短時間勤務職員・選挙管理委員・監査委員・教育委員会委員（教育長）・人事（公平）委員会委員などとの兼職が禁止。

(2) **兼業の禁止**：①当該普通地方公共団体に対し請負をする者及びその支配人又は②主として当該普通地方公共団体に対し請負をする法人注の無限責任社員・取締役・執行役・監査役・これらに準ずる者、支配人及び清算人との兼業が禁止。なお、「請負」の意義については、54頁参照。

　（注）議会の議員と異なり、地方公共団体が出資している法人で政令で定めるものが除かれている。

【長の失職理由】

　①任期満了等、②被選挙権の喪失（一定の場合を除き注1、選挙管理委員会が決定。143条）、③兼職禁止の職への就任注2（141条）、④兼業禁止の職への就任（選挙管理委員会が決定。

142条、143条）、⑤選挙無効・当選無効の確定（裁判が確定するまで職を失わず（144条）、その間の長としての行為は全て有効）、⑥解職請求に基づく解職（81条、83条）、⑦議会の不信任議決（178条2項）、⑧本人の意思による退職（都道府県知事は退職予定日の30日前、市町村長は20日前までに議長に退職の申出を行い、議会の同意があれば、その期日前でも退職可。145条）

（注1）「一定の場合」の詳細は56頁の**6**の①～④と同様。

（注2）③について56頁の**4**と同様の議論あり。

《《習得チェック》》

☐1．普通地方公共団体の長の被選挙権は、法定の年齢要件を満たしていれば、当該普通地方公共団体の住民でない者にも認められる。

☐2．普通地方公共団体の長は、当該普通地方公共団体に対する請負を業として行っていた場合、その職を失うが、選挙管理委員会がこれを決定しなければならない。

☐3．普通地方公共団体の長は当選無効の訴訟が提起されても、これが確定するまではその職を失わない。ただし、判決の結果、選挙の当初から長たるべきものでなかったことが確定した場合、その間の長としての行為は無効となる。

☐4．普通地方公共団体の長が退職しようとするときは、都道府県知事は退職予定日の30日前、市町村長は20日前までに議長に申出を行わなければならず、その期日前に退職をすることはできない。

●Points！

【長の統轄代表権】

　長は、当該普通地方公共団体を統轄し、これを代表する（147条）。当該普通地方公共団体の事務の全般について、長が総合的に統一を確保する権限を有し（**統轄**）、長が外部に対して普通地方公共団体を代表し、長のなした行為そのものが法律上直ちに当該普通地方公共団体の行為となる（**代表**）。

【長の事務執行権】

(1) 長は、当該普通地方公共団体の事務を管理・執行する（148条）。長が担任する事務は、149条に概括的に例示。

※149条は、例示に過ぎないが、法令の規定により他の機関の権限であるとされない限り、長の権限との推定を受ける。
　①議会への議案の提出、②予算の調製・執行、③地方税の賦課徴収、分担金・使用料・加入金・手数料の徴収、過料を科すること、④決算を議会の認定に付すること、⑤会計の監督、⑥財産の取得・管理・処分（地方公営企業の用に供する資産については、管理者の権限とされている（地方公営企業法9条7号））、⑦公の施設の設置・管理・廃止、⑧証書・公文書の保管、⑨その他当該普通地方公共団体の事務の執行

(2) 都道府県知事及び指定都市の市長は、内部統制に関する方針を策定し、必要な体制整備を行わなければならない（その他の市町村長は努力義務）。方針を策定した場合は、毎会計年度、内部統制評価報告書を作成し、議会に提出しなければならない（150条）。

【公共的団体等の監督】

(1) 長は、区域内の公共的団体等の活動の総合調整を図るため、

これを指揮監督することができる（157条1項）。

(2) 必要があるときは、長は、公共的団体等をして事務の報告をさせ、書類及び帳簿を提出させ、実地について事務を視察することができる（157条2項）。

(3) 長は、公共的団体等の監督上必要な処分をし又は公共的団体等の監督官庁の措置を申請することができる（157条3項）。

【総合調整権】

勧告権（180条の4）、予算の執行に関する調査権（221条1項）、公有財産に関する総合調整権（238条の2）

【その他】

規則制定権（15条）、職員の任命権（172条2項等）・指揮監督権（154条）、事務組織権（155条、156条、158条）、所管行政庁の処分の取消し・停止権（154条の2）

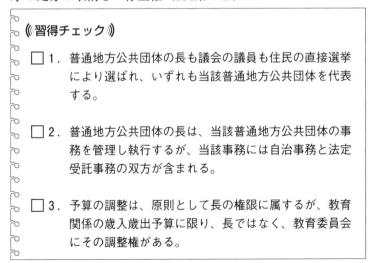

《習得チェック》

☐ 1. 普通地方公共団体の長も議会の議員も住民の直接選挙により選ばれ、いずれも当該普通地方公共団体を代表する。

☐ 2. 普通地方公共団体の長は、当該普通地方公共団体の事務を管理し執行するが、当該事務には自治事務と法定受託事務の双方が含まれる。

☐ 3. 予算の調整は、原則として長の権限に属するが、教育関係の歳入歳出予算に限り、長ではなく、教育委員会にその調整権がある。

●Points！

　長の権限を代行する制度として、①**長の職務代理**、②**長の権限の委任**、③**補助執行**〔②・③は、64・65頁参照〕の３つがある。この項では、①のポイントを整理する。

【代理の意義と効果】

　代理者は、長の名と責任において長の職務権限を代わって行使し、当該代理行為は、長の行為として当該普通地方公共団体に帰属する。

【法定代理】

　一定の事由の発生により当然に代理関係が発生。

(1)　長に事故があるとき注1又は長が欠けたとき注2
　　⇒副知事又は副市町村長（152条1項）
　(注1)　長期あるいは遠隔の旅行、病気など長が職務を行い得ない状況にある場合
　(注2)　現に在職していた者が死亡等で欠けた場合

(2)　①副知事・副市町村長にも事故があるとき・副知事・副市町村長も欠けたとき、②副知事・副市町村長を置かない普通地方公共団体において長に事故があるとき・長が欠けたとき
　　⇒補助機関である職員のうちから長の指定する職員（152条2項）

(3)　(2)により代理する者がないとき
　　⇒補助機関である職員のうちから規則で定めた上席の職員
　　（152条3項）

(4)　代理権は原則として長の職務権限の全てに及ぶが、長の身分・資格を要件として付与された職務権限には及ばない（副知事・副市町村長・会計管理者の選任や議会の解散など）。

(5) 新たな長の選任又は事故がやむことにより、代理関係は消滅。

【任意代理】

長の意思に基づいて代理関係が発生。

(1) 長は、その権限に属する事務の一部をその補助機関である職員に臨時に代理させることができる（153条1項）。事務の全部の代理は不可。

(2) 長の固有の権限・自ら執行することを予定しているもの（議会の招集権、議案の提出権、議会の解散権、規則の制定権、主要職員の選任・任命権など）は臨時代理不可。

(3) 「補助機関である職員」は、長の補助機関である職員全て。他の執行機関たる委員会・委員の補助職員は含まれない。

《習得チェック》

☐ 1. 普通地方公共団体の長の権限の代理において、長の職務代理者が代理できる職務の範囲は、長の権限の全てに及ぶ。

☐ 2. 普通地方公共団体の長に事故があるときは、副知事又は副市町村長がその職務を代理し、副知事又は副市町村長にも事故があるときは、補助機関である職員のうちから長の指定する職員が、長の職務を代理する。

☐ 3. 普通地方公共団体の長は、その意思に基づいて、その権限に属する事務の全部をその補助機関である職員に臨時に代理させることができ、代理者は、当該事務を長の名において行う。

●Points！

1　長の権限の委任

(1)　長は、その権限に属する事務の一部をその補助機関である職員又はその管理に属する行政庁に委任できる（153条1項・2項）。委任に係る事務が受任者の職務権限となり、その事務については受任者がもっぱら自己の名と責任において処理する。長は自らこれを処理する権限を失う。

(2)「その権限に属する事務の一部」であればいかなる事務でも委任できるが、長の固有の権限及び自ら執行することを予定している権限（議会の招集権、議案の提出権、議会の解散権、規則の制定権、副知事・副市町村長といった主要職員の選任・任命権など）は委任できない。

(3)「補助機関である職員」は、長の補助機関である職員全てが含まれる。副知事・副市町村長に委任することもできる（その旨の告示を要する。167条2項・3項）。

(4)　長は、その権限に属する事務の一部を、当該地方公共団体の委員会・委員と協議して、委員会など他の執行機関、その補助職員又はこれらの執行機関の管理に属する機関の職員に対し、委任することができる（180条の2）。

(5)　委任と代理の違い

	委任	代理
行使する権限	受任者の権限として、自己の名と責任において事務を処理	代理される者である長の職務権限を代わって行使
効果	受任者に帰属	代理された者に帰属
法律の根拠	必要	不要

2 補助執行

(1) 長の権限を内部的に委任して、補助し執行させることができる。対外的には長の名で執行される。

(2) 長の補助機関である職員による補助執行は、内部的行為であるため、法令上の根拠は不要である。

(3) 1 (4) と同様、長は、委員会などの他の執行機関の補助職員等に補助執行させることができる（180条の２）。

(4) 補助執行は、内部的に補助し、長の名をもって行う。

(5) 補助執行と、代理・委任とは、
　・代理：代理者の名を表示
　・委任：受任者が自らの権限としてその名と責任において行う
という点で区別される。

《《習得チェック》》

☐１．普通地方公共団体の長は、その権限に属する事務の一部を、副知事又は副市町村長に委任することができ、この場合、長はその旨を告示しなければならない。

☐２．普通地方公共団体の長は、その権限に属する事務の一部を、当該普通地方公共団体の職員に委任することができるが、当該普通地方公共団体の委員会に委任することはできない。

☐３．都道府県知事は、その権限に属する事務の一部を市町村の職員をして補助執行させることができる。

＊前項の正誤　１―×　２―○　３―×（任意代理の場合、事務の全部を代理させることはできない）

◉Points！

　長の権限に属する事務を分掌する組織としては、事務の種類に従って当該事務を分掌する**内部組織**と地域的に当該事務を分掌する**出先機関**とがある。

【内部組織】

(1) 長の直近下位の内部組織の設置及びその分掌する事務については、条例で定める必要がある（158条1項）。これ以外の内部組織の設置及びその分掌する事務については、規則等で定めることできる。

　※内部組織の数について、法律上の定めはない。

(2) 長は、内部組織の編成に当たって事務・事業の運営が簡素かつ効率的なものとなるよう、十分配慮が必要（158条2項）。

【出先機関】

(1) 出先機関には、①総合出先機関と②特定出先機関がある。

　①**総合出先機関**

　　普通地方公共団体の長の権限に属する事務全般を地域的に分掌するために設置される機関。条例の定めるところにより置かれる。都道府県にあっては「支庁」及び「地方事務所」、市町村にあっては「支所」又は「出張所」を設けることができる（155条1項）。

　②**特定出先機関**

　　総合出先機関以外であって、保健、警察などの特定の行政部門の権能を処理するため設置される機関。法律又は条例の定めるところにより置かれる（156条1項）。

(2) 位置、名称及び所管区域は条例で定めなければならない（155条2項、156条2項）。

(3) 位置及び所管区域を定め又は変更するに当たっては、住民の利用に最も便利であるように、交通の事情、他の官公署との関係等についても適当な考慮を払わなければならない(155条3項、156条3項が準用する4条2項)。

《習得チェック》

□ 1. 普通地方公共団体の長の直近下位の内部組織の設置及びその分掌事務については、条例で定める。

□ 2. 普通地方公共団体の長は、条例により、長の権限に属する事務全般を地域的に分掌する機関として、都道府県においては支所及び出張所、市町村においては支庁又は地方事務所を設置することができる。

□ 3. 都道府県において、総合出先機関を設ける場合、交通の事情のほか、他の官公署との関係についても適当な考慮を払う必要がある。

□ 4. 特定出先機関を設ける場合、その位置及び所管区域については条例で定めなければならないが、名称については条例で定める必要はない。

●Points！

　補助機関とは、長の職務執行を補助することを任務とする機関。副知事・副市町村長、会計管理者、出納員等〔70・71頁参照〕、職員、公営企業管理者、専門委員等。

1　副知事・副市町村長

(1) 都道府県→副知事、市町村→副市町村長（161条1項）。

(2) 職務：①長を補佐し、②長の命を受け政策及び企画をつかさどり、③長の補助機関である職員の担任する事務を監督し、④長に事故があるとき又は長が欠けたときに長の職務を代理する。

(3) 定数は条例で定め（161条2項）、置かないことも可能。

(4) 選任は、長が議会の同意を得て行う（162条）。

(5) 選挙権、被選挙権の欠格事由に該当する者は、副知事・副市町村長になることはできない（164条）。なお、当該地方公共団体において選挙権を有する必要はない。

(6) 任期は4年。

　　ただし、長は、任期中においてこれを解職することができる（163条。議会の同意は不要）。住民による解職請求も認められている（86条〜88条）。

　　退職しようとするときは、20日前までに、長の職務を代理する場合は議会に、それ以外の場合は長に対し、申出（165条）。

(7) 兼職の禁止：①検察官・警察官・収税官吏又は普通地方公共団体における公安委員会の委員（166条1項）、②衆・参両議院議員、地方公共団体の議会の議員、常勤の職員及び短時間勤務職員との兼職が禁止（同条2項が準用する141条）。

(8) 兼業の禁止：①当該普通地方公共団体に対し請負をする者及びその支配人、②主として当該普通地方公共団体に対し請

負をする法人^注の無限責任社員・取締役・執行役・監査役・これらに準ずる者、支配人及び清算人との兼業が禁止（166条2項が準用する142条）。

(注) 地方公共団体が出資している法人で政令で定めるものが除かれている。

2 専門委員（174条）

(1) 普通地方公共団体は、常設又は臨時の専門委員を置くことができる（1項）。

　※設置は任意。規則設置が適当（行政実例）。

(2) 長の委託を受けて、その権限に属する事務に関し必要な事項を調査する（3項）。

(3) 専門委員は、専門の学識経験を有する者のうちから、長が選任し（2項）、非常勤とする（4項）。特別職とされる。

《《習得チェック》》

□ 1. 副知事又は副市町村長の定数は条例で定めるが、少なくとも必ず1人は置かなければならない。

□ 2. 副知事又は副市町村長は、検察官又は警察官を兼ねることは禁止されているが、衆議院議員又は参議院議員を兼ねることはできる。

□ 3. 普通地方公共団体は、常勤の専門委員を少なくとも1人は置かなければならない。

●Points！

会計管理者の設置の趣旨は、会計事務の命令機関と執行機関との分離である。

1　会計管理者

(1) 人数は1人、補助機関である職員のうちから長が任命する（168条）。必置。

　※一般職の公務員であり、議会の同意は不要。

(2) 就職禁止：普通地方公共団体の長、副知事若しくは副市町村長又は監査委員と親子、夫婦又は兄弟姉妹の関係にある者は、就職することができない（169条）。

(3) 会計事務をつかさどり（170条1項）、その例示として、①現金の出納・保管、②小切手の振出し、③有価証券の出納・保管、④物品の出納・保管、⑤現金・財産の記録管理、⑥支出負担行為の確認注、⑦決算の調製・長への提出（同条2項）。

　(注) 会計管理者は、普通地方公共団体の長の命令があった場合でも、支出負担行為が法令又は予算に違反しないこと及びその債務が確定していることを確認できなければ、当該支出負担行為に係る支出をすることができない（232条の4第2項）。

(4) 会計管理者は、そのつかさどる会計事務について、長の監督に服する。

(5) 長は、会計管理者に事故がある場合において必要があるときは、補助機関である職員に事務を代理させることができる（170条3項）。

2 出納員その他の会計職員

(1) 会計管理者の事務を補助させるため、出納員その他の会計職員を置く。ただし、町村においては、出納員を置かないことができる（171条1項）。

(2) 出納員その他の会計職員は、補助機関である職員のうちから長が任命する（171条2項）。

(3) 出納員は、会計管理者の命を受けて現金・物品の出納・保管をつかさどり、その他の会計職員は、上司の命を受けて当該普通地方公共団体の会計事務をつかさどる（171条3項）。

(4) 長は、会計管理者をしてその事務の一部を出納員に委任させ、又は当該出納員をしてさらに当該委任を受けた事務の一部を出納員以外の会計職員に委任させることができる（要告示）（171条4項）。

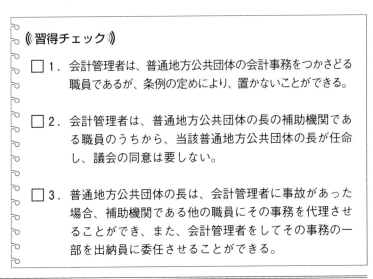

《習得チェック》

□1．会計管理者は、普通地方公共団体の会計事務をつかさどる職員であるが、条例の定めにより、置かないことができる。

□2．会計管理者は、普通地方公共団体の長の補助機関である職員のうちから、当該普通地方公共団体の長が任命し、議会の同意は要しない。

□3．普通地方公共団体の長は、会計管理者に事故があった場合、補助機関である他の職員にその事務を代理させることができ、また、会計管理者をしてその事務の一部を出納員に委任させることができる。

●Points！

　再議制度は、長が議会の行った議決又は選挙を拒否して、再度議会の審議及び議決等を要求するものであり、長と議会との対立を長の側から調整する手段である。

　長の側で異議があれば発動できる**一般的拒否権**と、特別の要件の下で発動される**特別拒否権**がある〔特別拒否権については74頁参照〕。

【一般的拒否権（176条1〜3項）の概要】（任意）

事由	期限	理由の明示	再議の要件	同じ議決がなされたときの効果
条例の制定・改廃 予算	送付を受けた日から10日以内（1項）	必要（1項）	3分の2以上の同意（3項）	議決は確定する（2項）
その他	議決の日から10日以内（1項）		1回目の議決と同様（特別多数は不要）	

【一般的拒否権のポイント】

(1) 再議に付されるのは議案の全部（例：条例全体）であるが、再審議の対象となるのは、長が異議ありとした事項に限られる。

(2) 10日以内であれば、再議に付すべき議決が行われた会期と同一でなくてもよく、臨時会を招集することもできる。

(3) 議会において否決された議案は、執行上何らの効果も生じないことから、再議に付すことができない。

(4) 再議に付された議決は、その議決のときに遡ってその効果を有しないことになる。

(5) 再議の結果、同じ議決がされなかったときは、再議に付さ

れた当初の議決の対象となった原案は成立せず、廃案となる。

《《習得チェック》》

☐ 1. 普通地方公共団体の長は、条例の制定又は改廃に関する議会の議決に異議がある場合、理由を示して再議に付すことができ、再議の結果、出席議員の過半数で再び同様の議決がなされたときは、その議決は確定する。

☐ 2. 普通地方公共団体の長は、予算に関する議決について異議がある場合、理由を示して再議に付すことができ、再議の結果、出席議員の3分の2以上で再び同様の議決がなされたときは、長は不信任の議決とみなすことができる。

☐ 3. 普通地方公共団体の長は、議会における条例の制定若しくは改廃又は予算に関する議決以外の議決について異議がある場合、理由を示して再議に付すことができ、再議の結果、出席議員の3分の2以上で再び同様の議決がなければ、その議決は確定しない。

☐ 4. 長の一般的拒否権による再議の結果、同じ議決がなされなかったときは、再議に付された当初の議決の対象となった原案は成立せず、廃案となる。

＊前項の正誤 1－× 2－○ 3－○

●Points！

【特別拒否権（176条4～8項・177条）の概要】（義務的）

事由	期限	理由の明示	再議・再選挙の要件	再議・再選挙の効果
越権又は法令・会議規則違反の議決・選挙（176条4項）	なし	必要	1回目の議決と同様（特別多数は不要）	知事は総務大臣に、市町村長は知事に、審査の申立て。裁定に不服があれば裁判所に出訴可（176条5項～7項）※1
義務的経費の削除・減額議決（177条1項1号・2項）				長は、予算に計上して執行可能（177条2項。原案執行権）
非常災害・感染症予防費の削除・減額議決（177条1項2号・3項）				長は、不信任議決とみなすことが可能（177条3項）※2

【特別拒否権のポイント】

(1) いずれも再議に付さなければならないと規定されている。

(2) 再議に付された議決・選挙は、その議決・選挙のときに遡ってその効果を有しないことになる。

(3) ※1について、審査の申立ては当該議決・選挙があった日から21日以内、出訴は裁定のあった日から60日以内にする必要がある。

　　また、審査の申立てをした場合、再議決の効力は当然には停止されず、請求に理由があると認められたときに、遡って効力を失う。

(4) ※2について、不信任の議決とみなして長が議会を解散し

た場合〔78頁参照〕、長は、専決処分により非常災害・感染症予防費を計上して処理することとなる。なお、長は、不信任の議決とはみなさず、議会の議決に従って執行することも可能である。

《習得チェック》

□ 1. 普通地方公共団体の長は、議会の議決がその権限を超えると認める場合は、理由を示して再議に付さなければならず、再議の結果、なお同様の議決がなされたときは、審査の申立てを行うことなく、直ちに裁判所に出訴することができる。

□ 2. 普通地方公共団体の長は、議会の議決が違法であると認める場合は、理由を示して再議に付さなければならず、再議の結果、なお同様の議決がなされたときは、その議決を不信任議決とみなし、議会を解散することができる。

□ 3. 普通地方公共団体の長は、議会が義務費を削除する議決をした場合は、理由を示して再議に付さなければならず、再議の結果、なお同様の議決がなされたときは、その経費及びこれに伴う収入を予算に計上して支出することができる。

□ 4. 普通地方公共団体の長は、議会が感染症予防費の削減の議決をした場合の再議において1回目と同様の議決をしたとき、不信任議決とみなすことができる。

◉Points！

【意義】

　議会の権限に属する事項を、議会に代わって、長がその権限を行使することを認める制度であり、以下の2つの類型がある。

【法律の規定による専決処分（179条）】（法定代理的な性格）

(1)　①議会が成立しないとき→議会が解散されている場合、在任議員の総数が議員定数の半数に満たない場合

　　②113条ただし書が定める定足数の例外が認められる場合においてなお会議を開くことができないとき→議長のほか、出席議員の数が2名を下回る場合

　　③長において、特に緊急を要するため議会を招集する時間的余裕がないことが明らかであると認めるとき→認定は長が行うが、客観性が必要。

　　④議会において議決・決定すべき事件を議決・決定しないとき→条例の制定・改廃、予算、同意などの法令上の権限事項につき、積極的に議決しない旨を表明、天災等で相当期間に議決できない等。なお議会における選挙は対象外。

　　の4つの場合がある（1項・2項）。

　　※副知事・副市町村長及び指定都市の総合区長の選任の同意については対象外。

(2)　専決処分について、長は、次の会議で議会に報告し、承認を求めなければならない（3項）が、承認が得られなくても、処分の効力には影響はない。ただし、条例・予算の専決処分について不承認となった場合は、長は、速やかに必要な措置を講じ、その旨を議会に報告しなければならない（4項）。

(注)「必要な措置」の具体的内容については長が判断すべきものであり、条例改正案や補正予算の提出のほか、議会や住民に対して説明責任を果たすための対応も含まれる。

【議会の委任による専決処分（180条）】（任意代理的な性格）

(1) 議会の権限に属する軽易な事項で、その議決により特に指定したものは、長において専決処分にすることができる（1項）。選挙、意見書の提出、請願の採択、諮問の答申など（議会自身に決定、意思表明等をさせるために専ら議会が行うことにしているもの）は対象外。

(2) 議会の指定した後に、当該指定した事項について議会が議決したとしても、無権限な議決であり無効である。

(3) 専決処分をしたときは、長は、議会に報告しなければならない（2項）が、承認を求める必要はない。

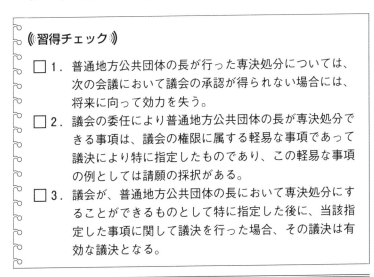

《習得チェック》

☐1. 普通地方公共団体の長が行った専決処分については、次の会議において議会の承認が得られない場合には、将来に向って効力を失う。

☐2. 議会の委任により普通地方公共団体の長が専決処分できる事項は、議会の権限に属する軽易な事項であって議決により特に指定したものであり、この軽易な事項の例としては請願の採択がある。

☐3. 議会が、普通地方公共団体の長において専決処分にすることができるものとして特に指定した後に、当該指定した事項に関して議決を行った場合、その議決は有効な議決となる。

◉Points！

　長の**不信任議決**^注とは、長が適任でないと考えた議会が、長
を信任しない意思を表示することをいい、長に対する議会の究
極の対抗手段とされている。**議会の解散**は、長が不信任議決に
対抗するための手段である。

（注）長に対し直接向けられ、かつ、客観的に不信任の意思を
　　　表現している議決。したがって、下記の要件を満たすこ
　　　とは前提となるが、信任案の否決や辞職勧告案の議決も
　　　含まれ得る。

1　長の不信任議決

(1)　長の不信任議決は、議員総数の3分の2以上の者が出席し、
　その4分の3以上の同意により成立する（178条1項・3項）。
　この場合、長は、議長から不信任議決をした旨の通知を受け
　た日から議会を解散することなく10日を経過したときは、そ
　の日において失職する（同条2項）。

(2)　長が不信任議決に対抗して議会を解散した場合、解散後初
　めて召集された議会において再び不信任議決を行うときは、
　議員数の3分の2以上の者が出席し、その過半数の同意があ
　れば足りる。この場合、長は、議長から不信任の議決があっ
　た旨の通知があった日に失職する（178条2項・3項）。

(3)　議会において、非常の災害による応急・復旧の施設のため
　に必要な経費又は感染症予防のために必要な経費を削除・減
　額する議決をした場合において、長が再議に付したが、議会
　がなお当該経費を削除・減額したときは、不信任議決とみな
　すことができる（177条3項）〔74頁参照〕。

2 議会の解散

長は、不信任議決をした旨の通知を受けた日から10日以内に議会を解散することができる（178条1項）。

《習得チェック》

☐ 1．普通地方公共団体の長の不信任議決は、議員総数の過半数が出席し、その4分の3以上の同意により成立する。

☐ 2．普通地方公共団体の長の不信任議決があった旨の通知を受けた日から10日間を経過したときは、長は、その日において失職する。

☐ 3．普通地方公共団体の長の不信任議決による解散後初めて召集された議会において再び不信任議決を行う場合にも、当初の不信任議決と同様の議決要件を満たすことが必要であるが、再度の不信任議決の同意があった場合は、長は、議長からその旨の通知があった日にその職を失い、議会を解散することはできない。

☐ 4．執行上重大な事件を否決した場合や普通地方公共団体の長が議案提出の際当該議案を否決すれば不信任議決とみなす旨の意思表示をした議案を否決した場合、長に対する不信任議決とみなされることがある。

☐ 5．普通地方公共団体の長が発案した非常災害対策費又は感染症予防費を議会が削除又は減額をした場合において、長が再議に付したが、議会がなお当該経費を削除し又は減額したときは、不信任議決があったものとみなすことができる。

---

*前項の正誤　1―×（専決処分の効力に影響はない。もっとも、政治的責任の問題は残る）　2―×　3―×

●Points！

　地方公共団体の**執行機関**として、**長から独立した地位・権限**を有する**委員会（行政委員会）・委員**が設置される

→①自らの判断と責任で事務執行（「長の所轄の下」と表現）、②合議制（監査委員は独任制）、③法律で設置（**条例では不可**）

　※この性格の委員会・委員は、180条の5で列挙。委員会等の名称でも、「附属機関」や事実上の私的諮問機関の場合あり。

1　種類

全ての地方公共団体に設置	都道府県だけに設置	市区町村だけに設置
教育委員会、選挙管理委員会〔28・29頁〕、人事委員会・公平委員会、監査委員〔82・83頁〕	公安委員会、労働委員会、収用委員会、海区漁業調整委員会、内水面漁場管理委員会	農業委員会、固定資産評価審査委員会※

※東京都の特別区の区域については、東京都に設置。

2　権限

認められるもの※1	認められないもの（180条の6）※2
・規則制定権 ・準立法的又は準司法的権限	・予算の調整・執行、議案の提出 ・地方税の賦課徴収、分担金・加入金の徴収、過料の賦課 ・決算を議会の認定に付すること

※1　権限に属する事務の一部を長と協議して長の補助機関である職員等に委任し、補助執行させ、又は委託できる（180条の7）。
※2　行政委員会・委員の所掌事務に関するものも長が担任する。

3　長との関係

　長の事務の委任・補助執行（180条の2）、職員の融通（180条の3）、長の勧告権・協議（180条の4）、長による予算執行

状況及び公有財産の取得等に関する実地調査とその結果に基づく措置要求（221条1項、238条の2第1項）。

4　解職請求

　教育長・教育委員、選挙管理委員、監査委員、公安委員会の委員については、解職請求の制度がある。

（参考）**附属機関**：執行機関の中に置かれ、調停、審査、諮問又は調査等を行う。

特徴 ①設置は法律又は条例で、②構成員は非常勤（給与でなく報酬を受ける）、③庶務は、原則、属する執行機関が処理。

《習得チェック》

□1．地方自治法に定める委員会は、法律又は条例の定めるところにより置かれる。

□2．地方自治法に定める委員会は合議制の執行機関であり、予算の調整及び執行をすることはできるが、議案を提出することはできない。

□3．地方自治法に定める委員会は、当該地方公共団体の長と協議して、長の補助機関である職員に当該行政委員会の事務の一部を委任することはできるが、補助執行させることはできない。

□4．選挙管理委員及び監査委員は、住民による解職請求の対象であるが、公安委員会の委員は、住民による解職請求の対象ではない。

---

*前項の正誤　1―×　2―○　3―×（再度の不信任議決要件は緩和されている。後半は正しい）　4―×（不信任議決は不信任の旨の議決でなければならない。例外は、177条3項のみ）　5―○

◉Points！

　監査委員は、普通地方公共団体の監査全般を行う地方公共団体の執行機関。なお、監査委員に常設又は臨時の監査専門委員を置くことができることとなった。

1　監査委員の選任

　長が、議会の同意を得て、人格が高潔で優れた識見を有する者及び議員のうちから選任する（196条1項）。

　罷免する場合にも、議会の同意が必要（197条の2）。

	都道府県及び政令で定める市	その他の市及び町村
定数※1	4人	2人
議員から選任※2	2人又は1人	1人
識見を有する者から選任	1人以上は必ず常勤	常勤とするかどうかは任意
	監査委員が複数の場合、代表監査委員を選任する必要	

※1　条例で定数を増加することができる（195条2項）。
※2　条例で議員のうちから選任しないことができる（196条1項ただし書）。

2　監査委員の権限

(1) 監査委員は、監査委員が定める監査基準に従い、監査を行う（198条の3第1項、198条の4）。

　（注）監査基準の策定について、国が指針を示し、必要な助言を実施する。

(2) 普通地方公共団体の財務に関する事務の執行及び普通地方公共団体の経営に係る事業の管理を監査する（財務監査）。そのほか、必要があると認めるときは、地方公共団体の事務の執行について監査できる（行政監査）（199条1項及び2項）。

(3) 監査委員は、必要があると認めるとき、又は長の要求があ

るときは、補助金等交付団体、出資団体、指定管理者等の出納その他の事務の執行で、当該財政援助等に係るものを監査することができる（199条7項）。

(4) ①関係人の出頭を求めること、②関係人について調査すること、③関係人に対し帳簿、書類その他の記録の提出を求めること、④学識経験を有する者等から意見を聴くことができる（199条8項）。

(5) 監査委員は、監査結果に関する報告のうち、特に措置を講ずる必要があると認める事項については、必要な措置を講ずべきことを勧告することができる（199条11項）。

(6) 監査委員は独任制の機関であるが、監査結果の報告・監査意見の決定は、監査委員が合議により行う（199条12項）。

なお、合議による報告に至らない場合、その旨と各監査委員の意見を提出し、公表しなければならない（199条13項）。

《《習得チェック》》

□1. 監査委員の行う監査については、特に基準はなく、それぞれの監査委員の識見に基づき実施される。

□2. 監査委員は、監査結果に関する報告のうち、特に措置を講ずる必要があると認める事項について、必要な措置を講ずべきことを勧告することができる。

□3. 監査委員は独任制の機関であるため、監査の結果に関する報告は、単独で行うこととされ、合議による必要はない。

●Points！

【意義】

　地域自治区とは、行政と住民との連携を目的として市町村長の権限に属する事務を分掌させ、及び地域住民の意見を行政に反映させつつこれを処理させるために設けられる行政区画のことをいい、市町村が条例によりその区域を分けて設ける（202条の4第1項）。

【設置に関するポイント】

(1) 地域自治区は、法人格を有しない（1条の3、2条1項）。

(2) 地域自治区には、市町村の事務を分掌させるための事務所が置かれ、その事務所の位置、名称及び所管区域は、条例で定める（202条の4第2項）。なお、事務所の位置及び所管区域を定めるに当たっては、住民の利用に最も便利であるように、交通の事情、他の官公署との関係等について適当な考慮を払わなければならない（同条4項が準用する4条2項）。

(3) 事務所の長は、当該普通地方公共団体の長の補助機関である職員をもって充てる（202条の4第3項）。事務所の長は、当該地方公共団体の長の定めるところにより、上司の指揮を受け、その主管の事務を掌理し部下の職員を指揮監督する（同条4項が準用する175条2項）。

(4) 指定都市は、地域自治区を設けるときは、その区域は、区の区域を分けて定めなければならない（252条の20第9項）。これにより、2以上の区にまたがる地域自治区を設けることはできず、区と同一の区域の地域自治区を設けることもできないことになる。また、区に区地域協議会を置く指定都市は、その一部の区の区域に地域自治区を設けることができる（同

条10項)。

《習得チェック》

☐1. 地域自治区は、都道府県が、当該都道府県に属する市町村の権限に属する事務を分掌させ、地域の住民の意見を反映させつつ市町村長の権限に属する事務を処理させることを目的として、設ける。

☐2. 地域自治区は、条例又は規則で、市町村の区域を分けて定める区域ごとに設けることができる。

☐3. 地域自治区に事務所を置くものとし、事務所の位置、名称及び所管区域は条例で定める。

☐4. 事務所の長は、市町村長の補助機関である職員をもって充てることができない。

☐5. 指定都市が地域自治区を設けるときは、その区域は、区の区域を分けて定めなければならない。

◉Points！

1　地域協議会の設置及び構成員

(1) 地域自治区に、協議会を置く（202条の5第1項）。必置。

(2) 地域協議会の構成員は、地域自治区の区域内に住所を有する者のうちから、市町村長が選任する（202条の5第2項）。

(3) 構成員の任期は、4年以内において条例で定める期間とする（202条の5第4項）。

(4) 構成員には、報酬を支給しないこととすることができる（202条の5第5項）。

(5) 地域協議会には会長及び副会長を置く（202条の6第1項）。会長及び副会長の選任及び解任の方法は、条例で定める（同条2項）。

2　地域協議会の権限（202条の7）

(1) 地域協議会は、以下の事項のうち、市町村長等により諮問されたもの又は必要と認めるものについて、審議し、市町村長等に意見を述べることができる（1項）。
　①地域自治区の事務所が所掌する事務に関する事項
　②市町村が処理する地域自治区の区域に係る事務に関する事項
　③市町村の事務処理に当たっての地域自治区の区域内に住所を有する者との連携の強化に関する事項

(2) 当該市町村の条例で定める市町村の施策に関する重要事項であって地域自治区の区域に係るものの決定又は変更については、市町村長はあらかじめ地域協議会の意見を聴かなけれ

ばならない（事前の必要的諮問）（2項）。

(3) 市町村長等は、(1)(2)の地域協議会の意見を勘案し、必要と認めるときは、適切な措置を講じなければならない（3項）。

《習得チェック》

□ 1. 市町村長は、地域自治区において住民の意見を行政に反映させるため必要があると認めるときは、地域協議会を置くことができる。

□ 2. 地域協議会の構成員は、市町村長が選任し、地域協議会が置かれる地域自治区の区域内に住所を有している必要はない。

□ 3. 地域協議会の構成員の任期は4年以内において条例で定める期間とされており、構成員に対しては必ず報酬を支給しなければならない。

□ 4. 市町村長は、条例で定める市町村の施策に関する重要事項で、地域自治区の区域に係るものを決定し、又は変更しようとする場合は、あらかじめ、地域協議会の意見を聴かなければならない。

□ 5. 市町村長その他の市町村の機関は、市町村が処理する地域自治区の区域に係る事務に関し地域協議会から意見の申出があった場合は、その意見を勘案し、必要があると認めるときは、適切な措置を講じなければならない。

●Points！

　普通地方公共団体の会計年度は、４月１日から翌年３月31日まで（208条１項）。

　現金の出納については、翌年度の５月31日に閉鎖（235条の５）。会計年度終了後出納閉鎖までの期間は、出納整理期間と呼ばれる。なお、地方公営企業にこの期間は設けられていない。

1　歳入・歳出の会計年度所属区分　※特に**歳出の給与**に注意。

【歳入】（令142条）

経費の種類		所属区分
納期の一定している収入	通常の場合	納期の末日の属する年度
	特別徴収の方法により徴収する住民税	特別徴収義務者が徴収すべき月の属する年度
	会計年度の末日までに申告がなかったとき又は納入通知書等を発しなかったとき	申告があった日又は納入通知書等を発した日の属する年度
随時の収入	納入通知書等を発するもの	納入通知書等を発した日の属する年度
	納入通知書等を発しないもの	領収した日の属する年度
	地方交付税、地方譲与税、交付金、負担金、補助金、地方債等他の会計から繰り入れるべき収入	その収入を計上した予算の属する年度
附帯収入	督促手数料・延滞金・滞納処分費	当該歳入の属する年度

【歳出】（令143条）

経費の種類	所属区分
地方債の元利償還金、年金、恩給の類	支払期日の属する年度
給与等の給付（上記以外）	支給すべき事実が生じたときの属する年度
共済組合負担金・社会保険料（労働保険料以外）・賃借料、光熱水費、電信電話料の類	支出の原因事実の期間の属する年度
賃借料等で支出の原因事実の期間が２年度にわたるもの	支払期限の属する年度
工事請負費、物件購入費、運賃の類・補助費の類で相手方の行為完了後に支出するもの	当該行為の履行があった日の属する年度

上記の経費以外	支出負担行為をした日の属する年度
旅行期間が 2 年度にわたる場合の旅費	当該 2 年度のうち、前の年度の歳出予算から支出（※）

※返納金・追給金はその精算を行った日の属する年度に所属。

2 会計の区分（209条）

普通地方公共団体の会計は、一般会計と特別会計からなる。

特別会計は、普通地方公共団体が特定の事業を行う場合その他特定の歳入をもって特定の歳出に充て一般の歳入歳出と区分して経理する必要がある場合において、**法令又は条例**で設置することができる（地方公営企業法17条本文も参照）。

《《習得チェック》》

☐ 1. 普通地方公共団体の会計年度は、6 月 1 日に始まり、翌年 5 月31日に終わる。

☐ 2. 会計年度終了後においては、前会計年度中に確定した現金の出納についても新会計年度の歳入・歳出として整理しなければならない。

☐ 3. 特別徴収の方法により徴収する市町村民税又は都道府県民税は、その領収をした日の属する年度の歳入に区分される。

☐ 4. 職員の給与に係る経費の会計年度所属区分は、その支給をすべき事実が生じたときの属する年度の歳出に区分される。

☐ 5. 普通地方公共団体の会計は一般関係と特別会計からなり、特別会計は当該普通地方公共団体の長の定める規則により設置される。

●Points！

【意義】

予算は、普通地方公共団体の一会計年度における歳入と歳出の見積り。財政運営の指針となり、また、住民が行政運営を監視するために必要な情報提供となる。

歳入予算は、収入見積りで拘束力はない。歳出予算は、支出見積りであると同時に、長に支出権限を付与し、支出の限度・内容を制限する拘束力を有する。

【予算に関する原則】

①総計予算主義の原則（210条）：収入・支出は全て歳入歳出予算に編入（例外：一時借入金・いわゆる弾力条項の適用・歳計剰余金の基金への編入）、②単一予算主義の原則：収入・支出は、単一の予算に計上・処理（例外：特別会計予算・暫定予算・補正予算）、③予算統一の原則（216条）：予算科目、様式等を統一することにより、系統的に総合調整、④会計年度独立の原則（208条2項、220条3項本文）〔92頁を参照〕、⑤予算の事前議決の原則（211条1項）、⑥予算公開の原則（219条2項、243条の3第1項）

【内容】（215条）

①歳入歳出予算、②継続費（212条）、③繰越明許費（213条）、④債務負担行為（214条）、⑤地方債（230条）、⑥一時借入金（235条の3）、⑦各項間の流用（220条2項）

【種類】

当初予算、補正予算（既定の予算に追加等の変更を加える必要が生じたときに調整する予算）、暫定予算（年間を通ずる予算が成立するまでのつなぎ予算）

※首長の選挙期間の関係から政策的な判断が難しい等の事由により政策的経費等の計上を避けて編成されたものは、慣用的に「骨格予算」と称される（法令に基づく概念ではない）。事由解消後に補正予算で肉付けしていく（肉付け予算）。

【予算の調製・議決】

　長が調製し、遅くとも年度開始前30日（都道府県・指定都市）又は20日（指定都市以外の市・町村）までに議会に提出し、年度開始前に議会の議決を経る（211条）。

　議会は予算を修正できるが、増額修正には長の予算提出権限を侵害できないという限界がある（97条2項）。

《習得チェック》

☐1．総計予算主義の原則とは、一会計年度における一切の収入及び支出は、全て歳入歳出予算に編入しなければならないとする原則である。

☐2．単一予算主義の原則とは、普通地方公共団体の全ての収入及び支出を単一の予算に計上して、1つの会計により経理しなければならないとする原則である。

☐3．補正予算とは、予算の調製後に生じた理由に基づいて、既定予算に過不足が生じた場合に、既定予算を変更して調製される予算である。

☐4．暫定予算とは、会計年度開始前までに当該会計年度の予算が議決されない場合などにおいて、年間を通ずる予算が成立するまでの間のつなぎとして調製される予算である。

☐5．普通地方公共団体の長は、次会計年度の予算について、その調製をし、当該会計年度の開始前までに議会に提出しなければならない。

＊前項の正誤　1—×　2—×　3—×　4—○　5—○　　　91

◉Points！

・**会計年度独立の原則**：普通地方公共団体の会計年度における歳出は、その年度の歳入をもって充てる（208条2項）。

・しかし、上記原則を適用するとかえって非経済的な場合が生じ得るため、次の例外が定められている。

【継続費・継続費の逓次繰越し】

・**工事等その履行に数年度を要する**経費は、予算にその**総額・年割額を定めて数年度にわたり支出**可能（**継続費**。212条）。

・継続費の**年割額**について、**事情により年度内に支出を終わらなかったとき**は、不用額とせず、**翌年度以降**その継続費の継続年度終わりまで**逓次繰越し使用**可能（213条、令145条1項）。

【繰越明許費】

歳出予算の経費のうちその性質上又は予算成立後の事由に基づき年度内にその支出を終わらないもの→予算の定めるところにより翌年度繰越し使用可能（213条、令146条1項）。

【事故繰越し】

年度内に支出負担行為を行い、避けがたい事故のために年度内に支出が終わらなかったもの→翌年度繰越し使用可能（220条3項ただし書）。

【歳計剰余金の繰越し】

各会計年度の決算の結果生じた剰余金（歳計剰余金）→原則として、翌年度の歳入に編入（例外：条例又は議会の議決により、基金に編入可能）（233条の2）。

【過年度収入・過年度支出】

出納閉鎖後に実現した当該閉鎖した会計年度に属すべき収入又は支出→現年度の歳入又は歳出とする（243条の5、令160条、令165条の8）。

【翌年度歳入の繰上充用】

会計年度が経過した後に、当該会計年度の歳入が不足する場合→翌年度の歳入を繰り上げて充てる（そのために必要な額を翌年度の歳入歳出予算に編入）（243条の5、令166条の2）。

《習得チェック》

□ 1. 歳計剰余金は、決算の結果生じた剰余金であるが、会計年度の独立の原則により、翌年度に繰り越すことはできず、その全額を基金に編入しなければならない。

□ 2. 翌年度歳入の繰上充用は、会計年度が経過した後に、当該会計年度の歳入が不足する場合に翌年度の歳入を繰り上げて充てることであり、そのために必要な額を翌年度の歳入歳出予算に編入しなければならない。

□ 3. 継続費の毎会計年度の年割額に係る歳出予算の経費の金額のうち、その年度内に支出を終わらなかったものは、翌年度以降、その継続費の継続年度の終わりまで逓次繰越し使用することができる。

□ 4. 過年度に生じた債務で債権者の請求がなかったなどの理由で当該過年度内に支出ができなかったものについて、現年度において支出をした場合には、当該過年度の予算をもって支出しなければならない。

□ 5. 歳出予算の経費でその会計年度内にその支出を終わらないものについては、経費の性質や支出が終わらなかった事情がいかなるものであれ、これを翌年度に繰り越して使用することはできない。

財

務

*前項の正誤　1—○　2—○　3—○　4—○　5—×（首長　　93
は、次会計年度開始前30日ないし20日までに予算を提出しなければならない）

●Points！

収入とは、予算の執行過程で財源となるべき現金や証券を個々に収納すること。

1　収入の主な種類

①地方税（223条）、②分担金（224条）、③使用料（225条）、④手数料（227条）、⑤地方債（230条）。その他に、地方交付税、地方譲与税、国庫支出金（補助金、負担金、委託金等）。

2　収入の分類

使途：一般財源⇔特定財源　　　自主性：自主財源⇔依存財源
継続性：経常的収入⇔臨時的収入

3　収入の方法（231条の2）

現金による納付が原則。特例として、①収入証紙による納付、②口座振替による納付、③証券による納付、④クレジットカード・スマートフォンアプリ等（指定納付受託者）での納付あり。
※④の制度は、令和3年改正で、指定代理納付者制度に代えて導入〔令和4年1月施行〕。指定納付受託者が納付委託を受けた日に、歳入等の納付がされたとみなされる。
※指定公金事務取扱者の制度における私人への収納事務の委託についても参照のこと〔令和6年4月施行、107頁〕。

4　滞納

地方税については、地方税法に基づく滞納処分により強制徴収することが可能。
それ以外の場合は、長が期限を指定して督促（231条の3第1項）→条例に定めるところにより、手数料・延滞金の徴収が

可能（同条2項）。

　分担金、加入金、過料、法律で定める手数料等を督促後期限までに納付しないときは、地方税の滞納処分の例により強制徴収が可能（同条3項）。それ以外の収入は民事手続で徴収。

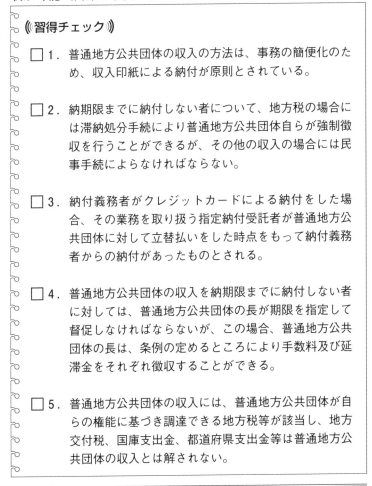

《習得チェック》

☐ 1．普通地方公共団体の収入の方法は、事務の簡便化のため、収入印紙による納付が原則とされている。

☐ 2．納期限までに納付しない者について、地方税の場合には滞納処分手続により普通地方公共団体自らが強制徴収を行うことができるが、その他の収入の場合には民事手続によらなければならない。

☐ 3．納付義務者がクレジットカードによる納付をした場合、その業務を取り扱う指定納付受託者が普通地方公共団体に対して立替払いをした時点をもって納付義務者からの納付があったものとされる。

☐ 4．普通地方公共団体の収入を納期限までに納付しない者に対しては、普通地方公共団体の長が期限を指定して督促しなければならないが、この場合、普通地方公共団体の長は、条例の定めるところにより手数料及び延滞金をそれぞれ徴収することができる。

☐ 5．普通地方公共団体の収入には、普通地方公共団体が自らの権能に基づき調達できる地方税等が該当し、地方交付税、国庫支出金、都道府県支出金等は普通地方公共団体の収入とは解されない。

財

務

◉Points！

【支出と財源】

(1) ①普通地方公共団体の事務を処理するために必要な経費、②法令により普通地方公共団体の負担に属する経費を支弁する（232条1項）。

(2) 法令により普通地方公共団体に事務処理を義務付ける場合は、そのために要する経費の財源につき、国は必要な措置を講じなければならない（同条2項）。

【支出の制限】

地方公共団体による寄附又は補助は、公益上必要がある場合に限られる（232条の2）。

【支出の手続】

(1) 法令・予算の定めるところに従い、契約、補助金交付決定等の支出負担行為を行う（232条の3）。

(2) 長は支出に係る債務が確定した旨を会計管理者に通知し、支出命令を行う。会計管理者は、支出命令なしに支出はできない（232条の4第1項）。

(3) 会計管理者は、支出命令を受けた後、①法令又は予算に反していないこと、②債務が確定していることを確認しなければ、支出はできない（232条の4第2項）。

【支出の方法】

支出は債権者のためでなければすることができない（232条の5第1項）。すなわち、債務金額が確定し、支払期日が到来し、支払いの相手方が正当な債権者である場合に支出は行われるのが原則である（支払方法は現金払が原則）。ただし、特定の経費は、資金前渡、概算払、前金払、繰替払、隔地払又は口

座振替の方法による支出が認められる（232条の5第2項、令161条〜165条の2）。

指定金融機関を持つ地方公共団体の支出は、現金の交付に代えて、当該金融機関を支払人とする小切手の振出し又は公金振替書の当該金融機関への交付により行う（232条の6第1項本文）。

《習得チェック》

☐1．法令により普通地方公共団体に事務処理が義務付けられる場合であっても、国はそのために要する費用の財源を必ずしも措置する必要はない。

☐2．会計管理者は、当該支出負担行為が予算に違反しているときでも、債務が確定しているものについては、法令に適合し、かつ、普通地方公共団体の長の命令があるときは、支出をしなければならない。

☐3．普通地方公共団体の支出は、債権者本人に対してしなければならず、債権者の委任を受けた者に対しては支出をすることができない。

☐4．普通地方公共団体の支出は、現金払が原則であるが、金融機関を指定している場合には、その金融機関に預金口座を設けている債権者には、その申出があったときは口座振替の方法による支出も可能である。

☐5．普通地方公共団体は、金融機関を指定している場合には、現金の交付に代えて、当該指定金融機関を支払人とする小切手の振出し又は公金振替書の当該指定金融機関への交付により支出をする。

●**Points！**

　決算とは、一会計年度の歳入歳出予算の執行の実績を表示した計数表。決算として予算執行の事実を示すことで、財政上の責任を議会や住民に対して明らかにし、次年度以降の予算の執行の際の指針とする。

1　決算の調製

　会計管理者は、毎会計年度、決算を調製し、出納の閉鎖（翌年度の5月31日。235条の5）後3月以内に、証書類等とともに長に提出しなければならない（233条1項）。

2　監査委員の監査

　長は、会計管理者から提出された決算等を監査委員の監査に付さなければならない（233条2項）。

3　決算の認定

　長は、監査委員の監査に付した決算を監査委員の意見を付けて次の通常予算を審議する会議までに議会の認定に付さなければならない（233条3項）。

　議会で不認定となっても既に行われた予算執行の効力に影響はないが、当該議決を踏まえて必要と認める措置を講じたときは、速やかに、当該措置の内容を議会に報告するとともに、これを公表しなければならない（同条7項）。

4　決算の公表

　長は、議会の認定に付した決算の要領を住民に公表しなければならない（233条6項）。

5 決算上剰余金の処分

決算上剰余金を生じたときは、翌年度の歳入への編入が原則であるが、条例又は議会の議決に基づき剰余金の全部又は一部を翌年度に繰り越さないで基金に編入することも可能（233条の2）。

《習得チェック》

□1. 普通地方公共団体の長は、監査委員の監査を経た決算を議会の認定に付さなければならないが、議会において認定が得られなくても既に行われた収入や支出の効力に影響は全くない。

□2. 議会の認定に付された決算については、普通地方公共団体の長によって、その要領が住民に対して公表される。

□3. 普通地方公共団体の長は、決算が不認定となった場合に、当該不認定を踏まえて必要と認める措置を講じたときは、その内容を議会に報告し、公表する。

□4. 会計管理者は、毎会計年度、決算を調製し、出納の閉鎖後3月以内に普通地方公共団体の長に提出しなければならない。

□5. 決算は、歳入歳出予算について調製するものであり、それ以外の予算の内容である継続費、繰越明許費、地方債等の執行の結果は、決算には含まれない。

◉Points！

1　**決算の書類**（233条5項、令166条2項）

決算を議会の認定に付すに当たっては次の書類を併せて提出。

①主要な施策の成果を説明する書類

②歳入歳出決算事項別明細書

③実質収支に関する調書

④財産に関する調書（②～④の様式は則16条の2）

2　**決算上剰余金**〔99頁を参照〕

・決算上剰余金の額

収入済歳入額−支出済歳出額＝翌年度繰越財源充当額

・決算上剰余金の処分（233条の2）

①翌年度への編入（一般財源として処分）、②基金への編入、③剰余金の2分の1を下らない金額は、これを剰余金を生じた翌々年度までに、積立て又は償還期限を繰り上げて行う地方債の償還財源に充てなければならない（地方財政法7条1項）。

3　**財政に関する情報の住民への公表**

・予算の要領（219条2項）

・決算の要領（233条6項）

・財政状況（243条の3第1項）：①歳入歳出予算の執行状況（毎年2回以上）、②財産・地方債・一時借入金の現在高、③その他財政に関する事項

※地方住宅供給公社、地方独立行政法人、過半数出資法人等の経営状況については、説明書類を議会に提出（243条の3第2項）。

《習得チェック》

□ 1. 普通地方公共団体の長は、決算を議会の認定に付する
に当たって、当該決算の会計年度における主要な施策
の成果を説明する書類や実質収支に関する調書を併せ
て提出しなければならない。

□ 2. 調製した決算と併せて議会に提出する「主要な施策の
成果を説明する書類」や「歳入歳出決算事項別明細
書」等の書類のいずれについても、総務省令で定める
様式に基づいて作成しなければならない。

□ 3. 決算上の剰余金が生じた場合には、地方財政法によ
り、その全額を、翌々年度までに、積み立てるか、地
方債の繰上げ償還の財源に充てなければならないこと
とされている。

□ 4. 普通地方公共団体の長は、当該普通地方公共団体の財
政については、決算の要領をもって、住民に公表する
ものとされており、歳入歳出予算の執行状況等につい
て公表をすることまでは義務付けられていない。

□ 5. 普通地方公共団体の長は、当該普通地方公共団体が設
置した地方住宅供給公社や地方独立行政法人の経営状
況については、説明書類を議会に提出しなければならな
い。

●Points！

1　契約締結の方法（234条）

普通地方公共団体の契約の締結の方法は、次の4つに限定。

【一般競争入札】公告により不特定多数の者を誘引して、入札による競争を行わせ、普通地方公共団体にとって最も有利な条件をもって申込みをした者を選定する方法。普通地方公共団体の契約は、これによることが原則。政令で定める一定の場合に限りその他の方法によることができる。

※契約の決定の方法が価格のみによることが適さない場合には、技術的要素等の価格以外の要素と価格とを総合的に評価し、落札者を決定することができる（総合評価一般競争入札。令167条の10の2）。

【指名競争入札】普通地方公共団体が資力、信用等について適切と認める特定多数を通知によって指名し、その特定の参加者をして入札の方法によって競争させる方法。一般競争入札に適さない場合、入札参加者が少数である場合等に行うことができる（令167条）。一般競争入札に比して、不良・不適格業者の排除、事務上の負担や経費の軽減等を図ることができる一方、指名される者の固定化や、談合の可能性の増大の問題がある。

【随意契約】競争の方法によらないで、任意に特定の者を選定する方法。契約の予定価格が一定の価格を超えない場合、競争入札に付することが不利と認められる場合等に行うことができる（令167条の2）。特定の信用、能力等のある業者の選定が容易に可能であり、事務上の負担の軽減や業務の効率化を図ることができる一方、不適正な価格になる可能性が増大する。

【せり売り】動産の売払いのうち一定のものにおいて用いられ（令167条の3）、入札の方法によらず口頭等で価格の競争をさせる方法。

2 長期継続契約（234条の3）

翌年度以降にわたり、電気・ガス・水の供給を受ける契約、不動産を借りる契約等を締結することができ、各年度の予算の範囲内で給付を受ける。

《習得チェック》

□ 1. 指名競争入札とは、資産、信用その他についてあらかじめ適切と認める特定多数の者を通知によって指名し、入札により競争させる方法であり、政令に特段の定めのない場合にはこの方法によるものとされる。

□ 2. 随意契約とは、競争の方法によらないで、特定の相手方を任意に選択して締結する方法であり、政令で定める場合に該当するときに限り、この方法によることができる。

□ 3. 予算の執行としての契約締結行為の効力は、原則として当該予算の会計年度内にとどまるが、電気の供給や水道の供給のように、年度を超えて長期の契約を締結することも許される場合がある。

□ 4. せり売りとは、入札の方法によらないで、口頭又は挙手によって競争させる方法であり、不動産の売払いにおいて用いられる。

□ 5. 一般競争入札とは、不特定多数の者を入札に参加させ契約の相手方とするために競争させる方法であり、地方公共団体にとって有利な相手方を広く募ることができるという長所があるとされている。

◉Points！

　一般競争入札は、普通地方公共団体の契約の締結の方法の原則である（234条）。

1　**参加者資格**（令167条の４〜167条の５の２）

・契約締結の能力がない者、破産手続開始決定を受けて復権を得ない者及び指定暴力団員等（いわゆる反社会的勢力）は、原則として、参加させることができない。

・契約の履行に当たり不正行為をした者等について３年以内の期間、入札の参加資格を停止することができる。

・必要があるときは、あらかじめ、契約の種類及び金額に応じ、実績、従業員数、経営の規模・状況を要件とする資格を定めることができる。

2　**入札の公告**（令167条の６）

　普通地方公共団体の長は、参加者資格、入札の場所・日時等を公告しなければならない。

3　**入札保証金の納付**（令167条の７）

　普通地方公共団体は、入札参加者に入札保証金を納付させなければならない。国債、地方債その他長が確実と認める担保の提供をもって代えることができる。

4　**開札の手続**（令167条の８〜168条の10）

・入札者の立会せ（注：電子入札の場合不要）。

・落札価格で同価の入札者が複数あるとき→くじで決定。

・請負契約の入札において、最低価格入札者による契約の履行がなされないおそれがある場合等には、その者以外の予定価格内の最低価格入札者を落札者とすることができる。

・請負契約の入札においては、最低制限価格を設定し、それ

を上回る予定価格内の最低価格入札者を落札者とすること
ができる。

5 総合評価一般競争入札〔102頁参照〕

《習得チェック》

□1. 普通地方公共団体は、必要があるときは、あらかじ
　　め、契約の種類及び金額に応じ、工事、製造又は販売
　　等の実績、従業員数、資本の額その他の経営の規模及
　　び状況を要件として、一般競争入札の参加資格を制限
　　することができる。

□2. 普通地方公共団体は、一般競争入札により契約を締結
　　しようとするときは、入札に参加しようとする者に入
　　札保証金を納付させなければならない。

□3. 一般競争入札の開札は、公告により示した入札場所に
　　おいて、入札の終了後直ちに、入札者（入札者が立ち
　　会わないときは、当該入札事務に関係のない職員）を
　　立ち会わせて、行わなければならない。

□4. 落札となるべき同価の入札をした者が2人以上あると
　　きは、それらの者の工事、製造又は販売等の実績や経
　　営の規模及び状況を勘案して落札者を定める。

□5. 普通地方公共団体の支出の原因となる契約を締結しよ
　　うとする場合においては、いかなるときも、予定価格
　　の制限の範囲内の価格で最低の価格を入札した者を落
　　札者としなければならない。

*前項の正誤　1─×（一般競争入札が原則）　2─○　3─○　105
（214条、234条の3。長期継続契約）　4─×　5─○

現金・有価証券・私人への公金事務の委託

◉Points！

1　現金の取扱い

(1) 都道府県は、金融機関を指定し、その公金の収納又は支払の事務を取り扱わせなければならない（市町村は任意、235条）。

(2) 普通地方公共団体の現金の出納は、毎月例日を定めて監査委員がこれを検査しなければならない。監査委員は、必要があると認めるとき、又は長の要求があるときは、指定金融機関が取り扱う公金の収納・支払いの事務について、監査することができる。監査委員は、検査又は監査の結果に関する報告を議会及び長に提出しなければならない（235条の2）。

2　現金及び有価証券の保管

【歳計現金】

　普通地方公共団体の歳入歳出に属する現金をいう（235条の4第1項）。その保管は、指定金融機関への預金に限らず、確実な金融機関への預金その他の最も確実かつ有利な方法による（235条の4第1項、令168条の6）。

【歳入歳出外現金・有価証券】

　債権の担保として徴するもの（例：入札保証金、指定金融機関の担保、納税に係る担保、公営住宅の敷金等）のほか、普通地方公共団体の所有に属さない現金（歳入歳出外現金。例：共済組合掛金、職員の給与から特別徴収した住民税等）及び有価証券は、法令の規定によらなければ保管できない（235条の4第2項）。歳入歳出外現金については、原則として利子を付さない（235条の4第3項）。

3 指定公金事務取扱者制度〔令和6年4月1日施行〕

公金の徴収、収納又は支出に関する事務について、これを適切・確実に遂行できる者のうち普通地方公共団体の長が指定するもの（私人）に委託可能に（243条の2〜243条の2の6）。
→受託者は、会計管理者による定期・臨時の検査等を受ける。
→徴収事務・支出事務を委託できる歳出入の範囲は政令で定められるが、収納事務については、性質上不適当な歳入等を除き、長の判断で委託可能。

財

務

《習得チェック》

□1. 歳計現金とは、普通地方公共団体の歳出に属する現金のことであり、歳入に属するものは除かれる。

□2. 歳計現金は、その公金としての性質に鑑み、有利であることよりも安全であることを重視して指定金融機関への預金によって保管しなければならない。

□3. 債権の担保を除き、普通地方公共団体の所有に属しない現金又は有価証券は、法律又は政令の規定によるのでなければ、これを保管することができない。

□4. 歳計現金及び普通地方公共団体の所有に属しない現金を相手方に返還するときは、利子を付さなければならない。

□5. 普通地方公共団体の現金の出納は、毎月例日を定めて会計管理者がこれを検査しなければならない。

●Points！

財産の種類は、①公有財産、②物品、③債権、④基金（237条1項）。

原則として条例又は議会の議決による場合でなければ、交換、出資、支払手段としての使用、適正な対価なくしての売払い・貸付けをしてはならない（237条2項）。原則として信託も不可（同条3項）。

①**公有財産**（238条）：行政財産（普通地方公共団体が公用又は公共用に供し、又は供することと決定した財産）と普通財産（行政財産以外の財産）に分類される。

・行政財産：用途又は目的を妨げない限度において、貸し付け、又は私権を設定することができるが、それ以外の貸付け、譲与等は不可→違反行為は無効（238条の4）。

・普通財産：貸付け、交換、売払い、譲与、出資、私権の設定又は一定の信託ができる（238条の5）。

公有財産に関する事務に従事する職員が取り扱う公有財産を譲り受けることは不可→違反行為は無効（238条の3）。

②**物品**（239条）：普通地方公共団体が所有する動産で、現金、公有財産に属するもの及び基金に属するもの以外のもの。

物品に関する事務に従事する職員が取り扱う物品を地方公共団体から譲り受けることは原則不可→違反行為は無効。

③**債権**（240条）：金銭給付を目的とする普通地方公共団体の権利。長に督促、強制執行その他保全及び取立てに関し必要な措置を講ずる義務あり。一方で、長は、政令の定めるところにより、徴収停止、履行期限の延長又は債務免除の措置が可能（いずれも地方税法に基づく徴収金債権、証券に化体され

ている債権、電子記録債権、預金債権等は除く）。

※債権免除は、原則、条例か議会の議決が必要（96条1項10
号）。

④**基金**（241条）：特定の目的のために財産を維持し、資金を積
み立て、又は定額の資金を運用するために設けるもの。合目
的的に、及び確実かつ効率的に運用。運用から生ずる収益及
び管理に要する経費は毎会計年度の歳入歳出予算に計上。

財

務

《習得チェック》

□1. 普通地方公共団体の財産については、原則として条例
又は議会の議決による場合でなければ、交換、出資、
支払手段としての使用又は適正な対価なくしての売払
い・貸付けを行うことができない。

□2. 行政財産は、一定の場合には貸し付けたり、私権を設
定することができ、特に必要があると認めるときは、
売払いをすることができる。

□3. 普通財産については、貸付け、交換、売払い、譲与、
出資、私権の設定及び一定の信託をすることができ
る。

□4. 物品に関する事務に従事する職員は、原則としてその
取扱いに係る物品を普通地方公共団体から譲り受ける
ことができないが、これに違反しても私法上の効力は
否定されない。

□5. 普通地方公共団体の財産である債権については、普通
地方公共団体の長に取立ての義務があるため、その徴
収停止や債務免除の措置をとることはできない。

●Points！

1　基金の種類（241条1項）

①積立基金：特定の目的のために財産を維持し、資金を積み立てるために設置されるもの（例：財政調整基金、減債基金、都市交通基盤整備基金）

②運用基金：特定の目的のために定額の資金を運用するもの（例：区市町村振興基金、土地開発基金）

2　基金の意義

会計年度に拘束されずに処分が可能。

・年度間の財源の不均衡を調整→財政調整基金

・地方債の計画的な償還→減債基金

3　基金の設置（241条1項）

条例の定めるところによる。

（注）財政調整基金・減債基金の設置根拠は、地方財政法にあるが、改めて条例による設置が必要。災害救助法の災害救助基金の設置は、条例制定不要（同法で設置義務があり、管理方法も定められている）。

4　基金の運用管理の原則（241条2項〜8項）

①条例で定める目的に応じ、及び確実かつ効率的に運用。

②積立基金については、設置した特定の目的のためでなければ財産の処分は不可。

③運用収益と管理費用は、毎年度の歳入歳出予算に計上。

④長は、毎会計年度、運用基金の運用の状況を示す書類を作成し、監査委員の審査に付し、その意見（監査委員の合議）を付けて決算に係る説明書類と併せて議会に提出。

⑤管理は、属する財産の種類に応じ、収入・支出の手続、歳

計現金の出納・保管、公有財産・物品の管理又は処分、債権の管理の例による。

⑥その他基金の管理・処分に関し必要な事項は、条例で定める。

※基金の管理権者は長。ただ、基金に属する現金・有価証券の保管は会計管理者の権限（170条2項3・4号）。

5　歳計剰余金の全部又は一部の基金編入（233条の2ただし書）
条例の定めるところにより、議会の議決による。

《習得チェック》

□1．基金には、特定の目的のために財産を維持し、資金を積み立てるものと、特定の目的のために定額の資金を運用するものがある。

□2．特定の目的のために財産を維持し資金を積み立てる基金を設けた場合には、その目的のためでなければ、その基金に属する財産を処分できない。

□3．特定の目的のために定額の資金を運用する基金については、普通地方公共団体の長は毎会計年度、運用状況を示す書類を作成し、議会に提出しなければならない。

□4．基金の運用から生ずる利益及び基金の管理に要する経費については、歳入歳出予算に計上する必要はなく、議会に別途報告することで足りる。

□5．普通地方公共団体が基金を設置するには、法律に定めがあるもののほか、条例によらなければならず、管理及び処分に関する事項についても、条例で定めなければならない。

●Points！
普通財産の処分・管理（238条の5）
普通財産は、貸付け、交換、売払い、譲与若しくは出資又は私権の設定が可能（1項）。

1　**普通財産の信託**（2項・3項、令169条の6）
・土地：普通地方公共団体を受益者として信託することが可能。
・国債・地方債・社債：普通地方公共団体を受益者として、指定金融機関等にその価額に相当する担保の提供を受けて貸し付ける方法により当該国債等を運用することを信託の目的とする場合に限り、信託することが可能。

2　**普通財産の貸付け**（4～6項）
・国、普通地方公共団体その他公共団体において公用又は公共用に供するため必要を生じたとき→契約解除が可能（賃借人は損失の補填を求めることができる）。
・用途を指定して貸し付けた後、借受人がその用途に供しないとき→契約の解除が可能。

3　**普通財産の売払い**（6項・7項）
・用途を指定して売り払った後、買受人がその用途に供しないとき→契約の解除が可能。
・原則、売払代金は引渡し前に納付。担保を徴した場合や、他の地方公共団体へ譲渡する場合等には、延納の特約が可能（令169条の7）。

4 普通財産の交換

交換に係る財産の価値に差異がある場合：法令の定めはないが、公有財産は適正な対価なくして譲渡してはならない（237条2項）以上、金銭（交換差金）での補足が必要となる（参考：国有財産法27条2項）。交換差金の納付については、3の売払代金と同じ（令169条の7）。

《習得チェック》

- [ ] 1. 普通財産の貸付契約は、私法上の契約であるため、民法の定めるところによらなければ、その契約を解除することができない。

- [ ] 2. 普通財産のいずれについても、その目的を問わず、普通地方公共団体を受益者とすれば、信託することができる。

- [ ] 3. 普通財産の売払いをする場合に、相手方が売払代金を支払いすることが困難なときは、担保を徴して、売払代金の延納の特約を付すことができる。

- [ ] 4. 普通財産を用途を指定して売り払った後、登記の移転が完了してしまうと、相手方がその指定された用途に違反した場合であっても、売買契約を解除することができない。

- [ ] 5. 普通財産を交換する場合において、交換をする財産の価値に差異があったとしても、交換差金の支払いを求めなくてよい。

●Points！

　住民監査請求は、住民が普通地方公共団体の執行機関又は職員の行う違法・不当な行為等を防止し、又はこれらによって生ずる損害に対する賠償責任を追及することを通じ、地方公共団体の財務の適正を実現し、納税者としての損失を受けることを防止し、住民全体の利益を守ることを目的とする。

　※留意点

　　①：直接請求制度と異なり、当該普通地方公共団体の住民であれば、法人たると自然人たるとを問わず、かつ、国籍、選挙権、納税の有無も問わない。

　　②：住民監査請求は直接請求制度と異なり、住民が単独で請求しうる（行政実例昭和23年10月30日）。

　　③：請求対象は、違法又は不当な公金の支出等に限定される。

1　住民監査請求の対象（242条１項）

　普通地方公共団体の長その他の執行機関又は職員による。

　　①違法・不当な（ア）公金の支出、（イ）財産の取得・管理・処分、（ウ）契約の締結・履行（例えば、競争入札によるべきところを随意契約としてしまうといったこと）、（エ）債務その他の義務の負担

　　②違法・不当な（ア）公金の賦課・徴収、（イ）財産の管理を怠る事実（例えば、法令に根拠のない地方税の減免など）

2　住民監査請求の内容（242条１項）

　監査を求め、①当該行為の防止・是正、②当該怠る事実を改めること、③普通地方公共団体の被った損害の補てんをするた

めに必要な措置をとることを請求することができる。

《習得チェック》

☐1．住民監査請求は、直接請求制度とは異なり普通地方公
共団体の住民であれば法人であっても日本国籍を有し
ていなくとも行うことができるが、当該普通地方公共
団体に住民税を納税していない者が行うことはできな
い。

☐2．住民監査請求は、一定数以上の連署をもって、監査委
員に対して行わなければならない。

☐3．住民監査請求の対象となる者は、普通地方公共団体の
長その他の執行機関に限らず、普通地方公共団体の
職員も対象となる。

☐4．住民監査請求の対象となる行為は、違法・不当な公金
の支出、財産の処分又は債務の負担であって、公金の
賦課・徴収といった普通地方公共団体の歳入に関する
行為は対象とはならない。

☐5．住民監査請求においては、監査委員に監査を求め、違
法・不当な行為を防止・是正し、怠る事実を改め又は
普通地方公共団体が被った損害を補てんするために必
要な措置を講ずべきことを請求することができる。

●Points！

1　住民監査請求ができる期間（242条2項）

請求対象となる行為のあった日又は終わった日から1年以内（正当な理由があるときは、1年を経過しても可）。

2　住民監査請求があった場合の措置等

【請求の要旨の議会及び長への通知（242条3項）】

監査委員は、直ちに請求の要旨を議会及び長に通知しなければならない。

【監査委員の監査・勧告（242条5項）】

請求の瑕疵が客観的に明白である場合を除き、監査を行わなければならない。

　⇒請求に理由がない：監査委員は、理由を付して、書面により請求人に通知・公表する。

　⇒請求に理由がある：監査委員は、議会、長等の執行機関又は職員に対し、期間を示して必要な措置を講ずべきことを勧告し、その内容を請求人に通知・公表する。

　※監査・勧告は、請求があった日から60日以内に行わなければならない（同条6項）。

　※監査委員は、監査を行うに当たっては、請求人に証拠の提出及び陳述の機会を与えなければならない（同条7項）。

　※監査・勧告は、監査委員の合議による（同条11項）。

【勧告の効果（242条9項）】

勧告を受けた議会、長等の執行機関又は職員は、当該勧告に示された期間内に必要な措置を講ずるとともに、その旨を監査委員に通知しなければならない。

【請求権の放棄（242条10項）】

　議会が請求対象となる行為に関する損害賠償請求権等の放棄に関する議決をしようとするときは、あらかじめ監査委員の意見（監査委員の合議による（同条11項））を聴かなければならない。

3　暫定的停止勧告（242条4項）

　事前の差止めを求める住民監査請求の実効性を担保するため、一定の要件を満たしたときは、監査委員は、2の手続が終了するまでの間、暫定的に行為を停止すべきことを勧告できる。

《習得チェック》

□1．住民監査請求があった場合において、監査委員は、請求に理由がないと認めるときは、監査を行う必要はない。

□2．住民監査請求に基づく監査委員の監査及び勧告の決定は、監査委員の合議によらず、単独で行わなければならない。

□3．住民監査請求があった場合において、当該行為が違法であると思料するに足りる相当な理由があり、当該行為により当該普通地方公共団体に生ずる回復の困難な損害を避けるため緊急の必要があり、かつ、当該行為を停止することによって人の生命又は身体に対する重大な危害の発生の防止その他公共の福祉を著しく阻害するおそれがないと認めるときは、監査委員は、監査委員による監査・勧告に係る手続が終了するまでの間、当該行為を停止すべきことを勧告することができる。

●Points！

　住民訴訟とは、普通地方公共団体の執行機関又は職員の違法な行為等について、①その是正等を求める訴訟及び②普通地方公共団体の執行機関又は職員に対し当該違法な行為等に係る者への損害賠償又は不当利得返還の請求を求める訴訟をいう。

1　出訴権者

　住民訴訟を提起できるのは、住民監査請求をした住民で、次の場合に限られる（242条の2第1項）。
　①監査委員の監査の結果又は勧告に不服があるとき。
　②監査委員の勧告を受けた議会、長等の執行機関又は職員の
　　措置に不服があるとき。
　③監査請求があった日から60日以内に監査委員が監査・勧告
　　を行わないとき。
　④監査委員の勧告を受けた議会、長等の執行機関又は職員が
　　勧告に示された期間内に必要な措置を講じないとき。
※個別外部監査による場合も、住民訴訟の提起は可能である
　（252条の43第5項）。

2　訴訟の対象

　住民訴訟の対象となるのは財務会計上の違法な行為又は違法に怠る事実であって（注：不当な行為又は不当に怠る事実は対象にならない）、当該行為又は怠る事実について住民監査請求を行ったものに限られる（監査請求前置主義）。

3　出訴期間

　行政運営の安定性確保のため一定の期間が定められており、その期間は不変期間（＝裁判所の裁量による期間の変更が認め

られない）とされている（242条の2第2項・3項）。

4 管轄

住民訴訟の管轄については、当該普通地方公共団体の事務所の所在地を管轄する地方裁判所の管轄に専属する（242条の2第5項）。

《習得チェック》

☐ 1. 住民訴訟は、普通地方公共団体の住民が、当該普通地方公共団体の職員に損害賠償を求める場合に、当該普通地方公共団体に代位して、直接当該職員に対して損害賠償を請求するための訴訟である。

☐ 2. 普通地方公共団体の住民は、住民監査請求を行ったか否かにかかわらず、住民訴訟を提起することができる。

☐ 3. 住民訴訟は、当該普通地方公共団体の事務所の所在地を管轄する地方裁判所の管轄に専属する。

☐ 4. 住民訴訟の対象となるのは、監査請求に係る違法な行為又は違法な怠る事実に限られ、不当な行為又は不当に怠る事実は、住民訴訟の対象にはならない。

☐ 5. 住民監査請求の結果に不服等がある場合は、普通地方公共団体の住民は、いつでも住民訴訟を提起することができる。

---

*前項の正誤　1―×　2―×　3―○（242条4項）　　119

●Points！

1　**訴訟類型**（242条の2第1項）

　住民訴訟により請求できる事項は次の4種類である。

　1号訴訟：執行機関又は職員に対する当該行為の全部又は一部の差止めの請求

　※当該行為を差し止めることによって人の生命・身体に対する重大な危害の発生の防止その他公共の福祉を著しく阻害するおそれがあるときは、差止めできない（同条6項）。

　2号訴訟：行政処分たる当該行為の取消し又は無効確認の請求

　3号訴訟：執行機関又は職員に対する当該怠る事実の違法確認の請求

　4号訴訟：当該職員又は当該行為若しくは怠る事実に係る相手方に損害賠償又は不当利得返還の請求をすることを、当該地方公共団体の執行機関又は職員に対して求める請求

　※当該職員又は当該行為若しくは怠る事実に係る相手方が、243条の2の8第3項の規定による賠償の命令の対象となる者である場合にあっては、当該賠償の命令をすることを求める請求〔243条の2の8については、122頁参照〕

2　**4号訴訟に関する手続**

　4号訴訟が提起された場合には、当該職員又は当該行為若しくは怠る事実の相手方に対して、当該普通地方公共団体の執行機関又は職員は、遅滞なく、その訴訟の告知をしなければならない（242条の2第7項）。

　4号訴訟について損害賠償等を命ずる判決が確定したときは、長は、当該職員又は相手方に対し、判決確定の日から60日を期限として損害賠償金等の支払いを請求しなければならない（242

条の3第1項）。支払われないときは、地方公共団体は、当該
損害賠償等の請求を目的とする訴訟を提起しなければならない
（同条2項）。なお、この訴訟の提起に議会の議決は不要（同条
3項）。

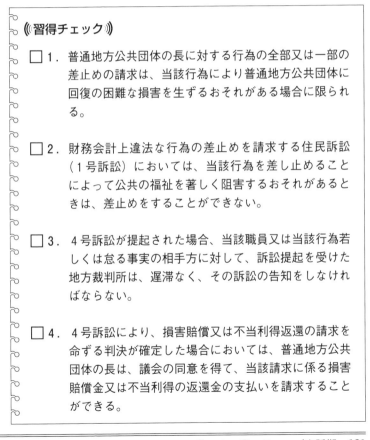

《習得チェック》

□1. 普通地方公共団体の長に対する行為の全部又は一部の
差止めの請求は、当該行為により普通地方公共団体に
回復の困難な損害を生ずるおそれがある場合に限られ
る。

□2. 財務会計上違法な行為の差止めを請求する住民訴訟
（1号訴訟）においては、当該行為を差し止めること
によって公共の福祉を著しく阻害するおそれがあると
きは、差止めをすることができない。

□3. 4号訴訟が提起された場合、当該職員又は当該行為若
しくは怠る事実の相手方に対して、訴訟提起を受けた
地方裁判所は、遅滞なく、その訴訟の告知をしなけれ
ばならない。

□4. 4号訴訟により、損害賠償又は不当利得返還の請求を
命ずる判決が確定した場合においては、普通地方公共
団体の長は、議会の同意を得て、当該請求に係る損害
賠償金又は不当利得の返還金の支払いを請求すること
ができる。

◉Points！

　職員の賠償責任制度は、普通地方公共団体の利益を保護し、損害の補てんを容易にすること、職務上の危険負担が重く責任を追及されやすい会計職員等の責任の軽減を図ることを目的とする。

1　賠償責任

　普通地方公共団体の会計職員・予算執行職員が、故意又は重過失（現金については故意又は過失）により、当該普通地方公共団体に財産上の損害を与えたときは、地方自治法243条の2の8により損害賠償責任を負う。民法の一般規定は不適用（同条14項）。

　※退職後又は死亡後においても賠償責任は免れ得ないとされている。

2　賠償責任の手続

　普通地方公共団体の長は、会計職員又は予算執行職員が地方公共団体に損害を与えたと認めるときは、監査委員に対し、その事実があるかどうかを監査し、賠償責任の有無及び賠償額を決定することを求め、その決定に基づき、期限を定めて賠償命令をするものとされている（243条の2の8第3項）。

3　住民訴訟（4号訴訟）との関係

(1) 会計職員・予算執行職員に係る住民訴訟（4号訴訟）について、賠償を命ずる判決が確定した場合、普通地方公共団体の長は、当該判決が確定した日から60日以内の日を期限として、賠償を命じなければならない（この場合、2の監査委員の監査・決定を求めることを要しない）（243条の2の8第4

項)。

(2) (1)により賠償を命じた場合に、判決が確定した日から60
日以内に損害賠償額が支払われないときは、普通地方公共団
体は、訴訟を提起しなければならない（議会の議決を要しな
い）（243条の2の8第5項・6項）。

《習得チェック》

□ 1. 会計管理者その他の会計職員が、当該普通地方公共団
　　　体に財産上の損害を与えたときは、その職責に鑑み、
　　　無過失であっても、当該損害を賠償する責任を負う。

□ 2. 職員の賠償責任に関する制度は、普通地方公共団体の
　　　会計や予算執行に関する業務を行う職員の責任の重大
　　　性を背景に、これらの職員の厳正な責任を負わせるこ
　　　とを目的とするものであり、退職後は、この責任を負
　　　うことはない。

□ 3. 会計職員・予算執行職員に係る住民訴訟について、賠
　　　償を命ずる判決が確定した場合、普通地方公共団体の
　　　長は、当該判決が確定した日から60日以内の日を期限
　　　として、賠償を命じなければならない。

□ 4. 住民訴訟の判決に基づいて行った損害賠償命令によっ
　　　ても損害賠償額が支払われないときは、普通地方公共
　　　団体は、これについて訴訟を提起することはできな
　　　い。

*前項の正誤　1—×（肢のような限定はない）　2—○　3—×　123
　　4—×

●Points！

1　要件

【会計職員の場合】（243条の2の8第1項前段）

(1) **会計職員とは**　会計管理者、会計管理者の事務を補助する職員、資金前渡を受けた職員、占有動産を保管している職員、物品を使用している職員。

(2) **賠償責任の要件**　故意又は重大な過失（現金については故意又は過失）により、その保管に係る現金、有価証券、物品、占有動産又は使用に係る物品を亡失し、又は損傷したとき。

(3) **賠償額**　(2)によって生じた損害の額。

【予算執行職員の場合】（243条の2の8第1項後段）

(1) **予算執行職員とは**　支出負担行為、支出命令・支出負担行為の確認、支出・支払、監督・検査の権限を有する職員又はこれらの権限に属する事務を直接補助する職員で普通地方公共団体の規則で指定した者。

(2) **賠償責任の要件**　故意又は重大な過失により、法令の規定に違反して当該行為をしたこと又は怠ったことにより地方公共団体に損害を与えたとき。

(3) **賠償額**　当該普通地方公共団体に与えた損害の額。

2　賠償責任の分担　（243条の2の8第2項）

　損害が、2人以上の職員の行為によって生じたものであるときは、当該職員は、それぞれの職分に応じ、かつ、当該行為が当該損害の発生の原因となった程度に応じて賠償の責めに任ずるものとする。

　※各人が全額について連帯して責任を負うのではなく、職員別に賠償額を決定する。

3 会計職員・予算執行職員以外の職員の賠償責任の一部免責
（243条の2の7）

　条例において、普通地方公共団体の長等や職員（会計職員・予算執行職員以外）の地方公共団体に対する賠償責任について、その職務を行うにつき善意でかつ重大な過失がないときは、賠償責任額を限定して、それ以上の額を免責する旨を定めることができる（条例で定める場合の免責に関する参酌基準及び責任の下限額は政令で規定）。

財
務

《《習得チェック》》

☐ 1．資金前渡を受けた職員は、故意又は過失により、その保管に係る現金を亡失したときは、これによって生じた損害を賠償しなければならない。

☐ 2．会計職員・予算執行職員以外の職員の普通地方公共団体に対する損害賠償責任については、これらの職員の故意・過失の有無にかかわらず、条例の定めるところにより免除することができる。

☐ 3．支出負担行為を行う権限を有する職員が、故意又は過失により当該普通地方公共団体に損害を与えたときは、これによって生じた損害を賠償しなければならない。

☐ 4．2人以上の職員の行為によって生じた損害については、当該職員は必ずしも等しく連帯責任を負うわけではない。

◉Points！

【意義】

公の施設とは、「住民の福祉を増進する目的をもってその利用に供するための施設」(244条1項)(例：学校、図書館、公民館、水道等)。次の5要件を満たすもの。

①住民の利用に供するためのもの：普通地方公共団体の庁舎、試験研究施設は非該当。

②当該普通地方公共団体の住民の利用に供するためのもの：観光ホテル、物品陳列所は非該当。

③住民の福祉を増進する目的をもって設けるもの：競馬場(財政上の必要)、留置施設(社会秩序の必要)は非該当。

④普通地方公共団体が設けるもの

⑤施設であること

※所有権がなくても要件を満たせば公の施設となる。

【公の施設の利用に関する原則】

・利用の拒否の禁止(244条2項)(利用を拒める例：他の利用者に著しい迷惑を及ぼす危険があることが明白な場合)

・不当な差別的取扱いの禁止(244条3項)

【設置・運営】

(1) 法令に特別の定めがある場合を除き、設置・管理に関する事項は条例による(244条の2第1項)。

(2) 条例で定める重要な公の施設のうち条例で定める特に重要なものについて、廃止等をする場合は、議会の出席議員の3分の2以上の同意が必要(244条の2第2項)。

(3) 区域外においても、関係普通地方公共団体との協議により、設置できる。他の普通地方公共団体と協議して、その公の施

設を自己の住民の利用に供させることができる（244条の3第1項・2項）。

《習得チェック》

□1．住民が利用し得る普通地方公共団体の施設であっても、住民の利用に供するためのものでない施設や当該普通地方公共団体の住民の利用に供するためのものでない施設は、公の施設に当たらない。

□2．借り受けた建物に公民館を設けた場合には、普通地方公共団体の所有ではないため、公の施設には当たらない。

□3．普通地方公共団体は、公の施設について、管理上必要がある場合には、住民の利用を拒否することはできるが、住民の間に異なる利用料金を設定することはできない。

□4．普通地方公共団体が公民館等を設置しようとするときは、その設置及び管理に関する事項は条例で定めなければならない。

□5．普通地方公共団体は、条例で定める特に重要な公の施設を廃止するときは、議会において出席議員の5分の3以上の者の特別多数の同意を得なければならない。

公の施設

●Points！

　民間企業等による公的サービスの提供能力の向上等を背景に、行政サービスの質的向上と行政コストの削減の双方を達成すべく創設。

1　指定管理者制度の手続（244条の2第3項～6項）

　指定管理者の指定の手続、管理の基準、業務の範囲等は条例で定めなければならない。指定管理者の指定は、期間を定めて行い、あらかじめ議会の議決を経なければならない。

　なお、指定の対象は団体であり、個人は除かれている。

2　指定管理者による管理（244条の2第7項～11項）

【権限】

　公の施設の管理に関する権限を指定管理者に委任して、その管理を代理させるものであり、指定管理者は、行政処分に該当する使用許可等の行為をすることができる。ただし、使用料の強制徴収、不服申立てに対する決定、行政財産の目的外使用許可等の行為は行うことができない。

【利用料】

　普通地方公共団体は、指定管理者に、その管理する公の施設の利用料金を指定管理者の収入として収受させることができる。この場合の利用料金は、公益上必要があると認める場合を除くほか、条例の定めるところにより、普通地方公共団体の承認を受けて、指定管理者が定める。

【適正な管理】

　公の施設の適正な管理の確保のため、指定管理者には、毎年度終了後、事業報告書の作成・提出が義務付けられている。一

方、長・委員会には、指定管理者に対する報告徴収、実地調査、指示などの権限が与えられている。また、指定管理者による管理を継続することが適当でないと認めるときは、その指定を取り消し、又は期間を定めて管理業務の全部又は一部の停止を命ずることができる。

《《習得チェック》》

□ 1. 指定管理者による公の施設の管理の基準及び業務の範囲その他の必要な事項については、条例で定めなければならない。

□ 2. 指定管理者として公の施設を管理する法人の指定は、条例で定めた手続に基づき地方公共団体の長が行うことができ、議会の議決を経る必要はない。

□ 3. 公の施設の使用許可などの行政処分は、住民の平等利用を確保するため、普通地方公共団体の長が行わなければならず、これを指定管理者が行うことはできない。

□ 4. 公の施設の利用料金は、公益上の必要性から、普通地方公共団体が条例で定めることとされ、指定管理者が定めることはできない。

□ 5. 公の施設の利用料金は、指定管理者に、その収入として収受させることができる。

公の施設

◉Points！

　平成26年に行政不服審査法の全部改正が行われ（平成28年4月1日施行）、これにより、公の施設を利用する権利に関する処分についての審査請求制度も変更された。

【変更点】
(1) 処分主体と審査請求先の整理
《改正前》

処分主体	審査請求先
市町村長	都道府県知事
都道府県知事	総務大臣
指定管理者を含む長以外の機関	当該地方公共団体の長

《改正後》（244条の4第1項、行政不服審査法4条1号）

処分主体	審査請求先
市町村長	市町村長
都道府県知事	都道府県知事
指定管理者を含む長以外の機関	当該地方公共団体の長

(2) 再審査請求の廃止

【その他のポイント】
(1) 普通地方公共団体の長は、公の施設を利用する権利に関する処分についての審査請求がされた場合には、当該審査請求が不適法であり、却下するときを除き、議会に諮問した上、当該審査請求に対する裁決をしなければならない（244条の4第2項）。議会への諮問をしないで審査請求を却下したときは、その旨を議会に報告しなければならない（同条4項）。

(2) 議会は、(1)の諮問を受けた日から20日以内に意見を述べなければならない（同条3項）。

《習得チェック》

□ 1. 公の施設を利用する権利に関する処分に不服がある者
は、都道府県知事がした処分については総務大臣に審
査請求することができ、この場合に、都道府県知事に
異議申立てをすることもできる。

□ 2. 選挙管理委員会が行った公の施設を利用する権利に関
する処分について不服がある者の審査請求は、選挙管
理委員会に対して行わなければならない。

□ 3. 指定管理者がした公の施設を利用する権利に関する処
分についての審査請求は、最上級行政庁ではなくと
も、当該普通地方公共団体の長に対してするものとす
る。

□ 4. 市町村長による公の施設を利用する権利に関する処分
についての審査請求においてなされた都道府県知事の
裁決に不服がある者は、総務大臣に再審査請求をする
ことができる。

□ 5. 普通地方公共団体の長は、公の施設を利用する権利に
関する処分についての審査請求があったときは、公平
委員会に諮問してこれを決定しなければならない。

●Points！

　普通地方公共団体の行政運営の統一性・一貫性・適法性を確保するため、国又は都道府県の関与が必要であり、地方自治法がそのルールを定めている。

1　国等の関与の定義及び基本類型

定義：普通地方公共団体の事務の処理に関し国の行政機関等が行う次に掲げる基本類型（245条）

　①助言又は勧告、②資料の提出の要求、③是正の要求、④同意、⑤許可、認可又は承認、⑥指示、⑦代執行、⑧協議、⑨その他、一定の行政目的を実現するため地方公共団体に対して具体的かつ個別的に関わる行為

　（注）地方自治法に直接基づいて行うことができる関与の類型（245条の4～245条の8）と個別法に根拠が定められる関与の類型がある（245条の2）。

2　関与に関する原則

(1) **法定主義**（245条の2）　※省令や通達による関与を否定。

(2) **一般法主義**：関与の基本的な類型と関与の基本原則を地方自治法で規定（245条、245条の3）。

(3) **公正・透明の原則**：地方自治法に、国等の関与の手続及び紛争処理の仕組みが制度化されている（247条～252条）。

　例：書面主義※1、許認可等の基準設定・公表※2、標準処理期間の設定・公表※3

　　※1　関与を行うに際し、その内容等を記載した書面の自治体への交付が義務付けられる場合あり。

　　　→関与の内容が「助言、勧告、資料の提示」等＝"求められたとき"に、書面交付の義務。

→関与の内容が「是正の要求、指示」等
　＝書面交付の義務あり。

※2　自治体から法令に基づく申請又は協議の申出が
　　　あった場合に、許認可等の基準を定め、特別の支
　　　障がない限り公表する義務あり（250条の2）。

※3　努力義務（250条の3）。

《習得チェック》

☐1．地方公共団体の行政は、住民自治及び団体自治をその
　　　旨として自主的に運営されなければならず、国の行政
　　　機関や都道府県の機関がこれに関与することは、直接
　　　地方自治法に基づいて行われる場合以外は認められな
　　　い。

☐2．関与の基本類型の1つに定められている「代執行」と
　　　は、普通地方公共団体の事務の処理が法令の規定に違
　　　反しているとき又は当該普通地方公共団体がその事務
　　　の処理を怠っているときに、その是正のための措置を
　　　当該普通地方公共団体に代わって行うことをいう。

☐3．国の行政機関又は都道府県の機関が、普通地方公共団
　　　体に対し、助言等を行う場合には、あらかじめ、その
　　　趣旨、内容を明確にした書面を交付しなければならな
　　　い。

☐4．国の行政機関又は都道府県の機関は、普通地方公共団
　　　体から申請等があった場合において許認可等をするか
　　　どうかを法令の定めに従って判断するために必要とさ
　　　れる基準を定めるよう努めなければならない。

---

*前項の正誤　1─×（この制度は行政不服審査法全部改正に伴い廃止）　133
　2─×（当該地方公共団体の長に対して行う）　3─○　4─×（再
審査請求の仕組みは、行政不服審査法全部改正に伴い廃止）　5─×

●Points！

　普通地方公共団体に対する国又は都道府県の関与は、その目的を達成するために必要な最小限度のものとし、かつ、普通地方公共団体の自主性・自立性に配慮したものでなければならないほか（245条の3第1項）、次の表のように定められている。

関与の類型	自治事務	法定受託事務
助言・勧告	可（245条の4第1項）	
資料提出要求	可（245条の4第1項）	
是正の要求（違反の是正又は改善のため必要な措置の実施義務）※	可（①法令違反をしているとき又は②著しく不適正、かつ、明らかに公益を害しているとき）（245条の5第1～4項）	― 〔市町村の第二号法定受託事務を除き、対象外〕
同意	制限あり（財政・税制上等施策の整合性が必要な場合のみ可）（245条の3第4項）	可
許可・認可・承認	制限あり（法人設立等他の方法では処理が困難な場合等のみ可）（245条の3第5項）	可
指示	制限あり（国民の生命、身体又は財産の保護のために緊急に必要とする場合のみ可）（245条の3第6項）	可（①法令違反をしているとき又は、②著しく不適正、かつ、明らかに公益を害しているときなど）（245条の7）
代執行	できるだけ行わない（245条の3第2項）	可（管理執行につき①法令等に違反している場合又は②怠るものがある場合で、代執行以外の方法によって是正を図ることが困難かつ著しく公益を害すると

		きに、所要の手続を経た後に限る）（245条の8）
協議	可（施策間の調整が必要な場合）（245条の3第3項）	

※対象となる地方公共団体に法的義務を課すものではないが、市町村の自治事務の処理が①法令に違反しているとき又は②著しく不適正かつ明らかに公益を害しているときは、都道府県は当該市町村に対し、その是正・改善のため必要な措置を勧告することができる（245条の6）。

《習得チェック》

□ 1. 国等による普通地方公共団体に対する関与に関しては、自治事務についてのみ、その目的を達成するため必要最小限度のものでなければならないことが定められている。

□ 2. 自治事務については、同意及び許可・認可・承認を一定の場合に制限するとともに、指示及び代執行を原則としてしないようにしなければならないとしている。

□ 3. 是正の要求は、原則として、自治事務に関する関与の類型とされ、代執行は、法定受託事務について認められ、自治事務についてはできるだけ行わないこととされている。

□ 4. 自治事務についても協議は国の関与の基本類型とされているから、自治事務について、国が、施策調整の必要性を超えて、後見的立場から普通地方公共団体に協議を義務付けることもできると解されている。

*前項の正誤　1─×　2─○（245条1号ト）　3─×（247条）　135
4─×

●Points！

1 **国と普通地方公共団体との間の係争処理**（250条の7〜250条の20、251条の5、251条の7）

(1) 普通地方公共団体に対する国の関与に関する争いの処理。

(2) 総務省に委員5人（両議院の同意を得て総務大臣が任命）からなる国地方係争処理委員会。

(3) 委員会への審査の申出は、①国の関与のうち、是正の要求、許可の拒否その他の処分その他公権力の行使にあたるもの②不作為③協議について不服がある場合。

(4) 申出は、①〜③いずれも文書。期間については、①については国の関与があった日から30日以内、②③については制限の定めなし。

(5) 委員会は、申出があった日から90日以内に、審査を行い勧告等を行う。

【係争処理の仕組み】

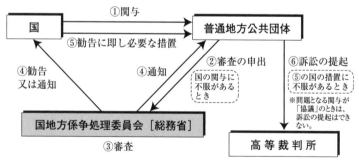

（注）国による不作為違法確認訴訟（251条の7）も可。

2 普通地方公共団体相互間の係争処理（自治紛争処理委員）

　市町村に対する都道府県の関与についても、1に準じて、自治紛争処理委員による係争処理制度が設けられている（251条〜251条の4、251条の6、252条）。が、以下の点に留意。

(1)委員の数は3人で、都道府県又はその機関が当事者となる場合は総務大臣が、そうでない場合は都道府県知事が任命。

(2)委員はそれぞれ独立しており、会議制の機関の構成員でない。ただし、調停案の作成の決定、勧告の決定など、重要事項については合議による。

(3)紛争処理手続として①調停②審査・勧告の2つがある。

《《習得チェック》》

□ 1．自治紛争処理委員は、普通地方公共団体相互の間又は普通地方公共団体の機関相互の紛争の調停、普通地方公共団体に対する国又は都道府県の関与のうち都道府県の機関が行うもの（都道府県の関与）に関する審査等に係る審理を処理する。

□ 2．国の関与については国地方係争処理委員会の審査の結果又は勧告に不服があるとき等には、高等裁判所に訴訟を提起することができるが、都道府県の関与については訴訟の提起は認められていない。

□ 3．各大臣が是正の要求等をした場合に、普通地方公共団体がこれに応じた措置を講じず、かつ、国地方係争処理委員会への審査の申出もしないとき等は、当該普通地方公共団体の不作為の違法確認訴訟を提起することができる。

連携協約・事務の代替執行

◉Points！

　事務の共同処理のための別法人の設立を要しない簡便な仕組みが設けられている。

1　**連携協約**（252条の2）

(1) 普通地方公共団体は、当該普通地方公共団体及び他の普通地方公共団体の区域における当該普通地方公共団体及び当該他の普通地方公共団体の事務の処理に当たっての当該他の普通地方公共団体との連携を図るため、議会の議決を経て行う協議により、連携して事務を処理するに当たっての基本的な方針及び役割分担を定める協約（連携協約）を締結することができる。意思決定機関を置かずに共同事務を執行できる。

(2) 普通地方公共団体は、連携協約に基づいて、分担すべき役割を果たすため必要な措置をとるようにしなければならない。

(3) 連携協約に係る紛争については、「自治紛争処理委員による紛争処理の方策の提示を求める申請」の仕組みがある（251条の3の2）。

2　**事務の代替執行**（252条の16の2〜252条の16の4）

(1) 普通地方公共団体は、他の普通地方公共団体の求めに応じて、議会の議決を経た協議により規約を定め、当該他の普通地方公共団体の事務の一部を、当該他の普通地方公共団体又は当該他の普通地方公共団体の長等の名において管理・執行（事務の代替執行）することができる。

(2) 事務の代替執行として管理・執行した事務は当該他の普通地方公共団体の長等が管理・執行したものとしての効力を有

する。事務の委託と異なり事務権限が依頼自治体に残る。

《習得チェック》

□ 1. 普通地方公共団体が、他の普通地方公共団体との連携を図るため締結する連携協約には、事務の執行管理についての意思決定機関について定めなければならない。

□ 2. 連携協約に係る紛争について、当事者である普通地方公共団体から自治紛争処理委員による紛争処理のための方策（処理方策）の提示を求める旨の申請がなされた場合には、総務大臣又は都道府県知事は、自治紛争処理委員を任命し、処理方策を定めるよう努めなければならない。

□ 3. 普通地方公共団体は、他の普通地方公共団体に対し、当該他の普通地方公共団体の事務の一部を、当該他の普通地方公共団体の管理執行権限を停止して、代わりに執行することを申し出ることができる。

□ 4. 普通地方公共団体は、事務の代替執行を廃止しようとするときは、その旨を関係普通地方公共団体に2年前までに書面で予告すればよく、協議することを要しない。

◉Points!

1 協議会（252条の2の2〜252条の6の2）

　事務の一部を共同して管理・執行し、事務の管理・執行について連絡調整を図り、又は広域にわたる総合的な計画を共同して作成するため、議会の議決を経た（連絡調整の場合を除く）協議により規約を定め、協議会（管理執行協議会・連絡調整協議会・計画策定協議会）を設けることができる。

　協議会が関係普通地方公共団体等の名においてした事務の管理・執行は、関係普通地方公共団体の長等が管理・執行したものとしての効力を有する。

　協議会からの脱退には2年前までの予告が必要。

2 機関等の共同設置（252条の7〜252条の13）

　議会の議決を得た協議により規約を定め、共同して、議会事務局、各種行政委員会・委員、委員会事務局、補助職員・専門委員等を置くことができる。

3 事務の委託（252条の14〜252条の16）

　議会の議決を経た協議により規約を定め、その事務の一部を他の普通地方公共団体に委託できる（委託した事務の管理執行権限は失われる）。

　委託普通地方公共団体等に適用すべき法令の規定は、受託普通地方公共団体等について適用され、受託普通地方公共団体等の委託事務に関する条例等は委託普通地方公共団体等の条例等としての効力を有する。

4 職員の派遣（252条の17）

　普通地方公共団体の長等は、その事務処理のため特に必要が

あると認めるときは、他の普通地方公共団体等に職員の派遣を求めることができる。

派遣職員は両普通地方公共団体等の職員の身分をあわせ有する。給料等は派遣を受けた側が負担。

《習得チェック》

☐ 1. 協議会を設ける普通地方公共団体は、その議会の議決を経て、他の全ての関係普通地方公共団体に書面で予告すれば、直ちに協議会を脱退することができる。

☐ 2. 機関の共同設置において、共同設置された機関は、それぞれの普通地方公共団体の機関としての性格を有し、その行為はそれぞれの普通地方公共団体に帰属する。

☐ 3. 普通地方公共団体は、その事務の一部を他の普通地方公共団体に委託して管理執行させることができる。この場合、委託した普通地方公共団体もなお当該委託した事務の管理執行権限を有している。

☐ 4. 普通地方公共団体の長は、他の普通地方公共団体の長に対し、職員の派遣を求めることができるが、派遣される職員の給料は、当該職員を派遣した普通地方公共団体の負担となる。

---

*前項の正誤　1—×　2—×（処理方策を定めさせなければならない。251条の3の2第1項）　3—×　4—×（252条の16の2第1項及び2項）

◉Points！

　外部監査とは、普通地方公共団体におけるチェック機能を強化するため、外部の専門家が契約に基づき監査を行うこと。監査機能の専門性・独立性の一層の充実及び監査機能に対する住民の信頼の向上に資する。

1　外部監査契約を締結できる者（252条の28）

　普通地方公共団体の財務管理、事業の経営管理その他行政運営に関し優れた識見を有する者であって、①弁護士、②公認会計士、③国の行政機関において会計検査に関する行政事務に従事した者又は地方公共団体において監査若しくは財務に関する行政事務に従事した者であって監査実務に精通している者。

　※このほか、外部監査契約を円滑に締結し、又はその適正な履行を確保するため必要があると認めるときは、識見を有する者であって税理士であるものとの契約も可能。

　なお、監査業務の性格に照らし、かつ、外部性を確保する観点から、欠格事由が定められている。

2　外部監査人の義務（252条の31）

　善管注意義務、公正不偏の態度保持、自己の判断と責任による監査、守秘義務（罰則あり）。また、公務従事職員とみなして刑罰が適用される。

3　外部監査と監査委員・議会との関係

(1) 監査委員に通知する等相互の連絡を図り、監査委員の監査の実施に支障を来さないよう配慮（252条の30第1項）。

(2) 議会は外部監査人に説明を求め、又は意見を述べることができる（252条の34）。

外部監督契約

《習得チェック》

□ 1. 外部監査人は、普通地方公共団体の職員としての身分を有しておらず、公務に従事する職員とみなして刑罰を適用することができない。

□ 2. 外部監査人は、善良な管理者の注意をもって、誠実に監査を行う義務を負い、監査の実施に関して知り得た秘密を漏らした場合、刑罰の適用がある。

□ 3. 外部監査人は、監査を実施するに当たっては、監査委員の監査の実施に支障を来さないよう配慮しなければならないが、監査の独立を確保すべく、監査委員と相互に連絡をとることは禁止されている。

□ 4. 普通地方公共団体の議会は、外部監査人の監査に関し、外部監査人に対し、意見を述べることはできない。

◉Points！

1　包括外部監査契約（外部監査人が対象事件を選択）

(1) 都道府県、指定都市及び中核市に締結義務（252条の36第1項・令174条の49の26）。その他の市町村は監査を受けることを条例で定めた場合には、条例で定める会計年度において締結義務（同条2項）。

(2) 包括外部監査契約とは、能率化の原則・合理化の原則を達成するため、外部監査人の監査を受け、監査の結果に関する報告の提出を受けることを内容とする契約（252条の27第2項）。
　※契約の締結には、あらかじめの監査委員の意見聴取、議会の議決を要する（252条の36第1項・2項）。

(3) 連続して4回、同一の者と締結不可（252条の36第4項）。

(4) 監査の対象団体の財務に関する事務執行と経営に関わる事業管理のうち、能率化の原則・合理化の原則を達成するため必要があると認める特定の事件の監査（252条の37）。

(5) 包括外部監査人は、契約期間内に監査結果報告を決定し、議会、長、監査委員、関係のある委員会・委員に提出（252条の37第5項）。→監査委員が公表・意見（252条の38第3項・4項）。→監査結果に基づき又は監査結果を参考として措置を講じた旨の監査委員への通知（252条の38第6項）。

2　個別外部監査契約（外部監査人による対象事件の選択不可）

(1) 個別外部監査契約とは、条例において監査委員以外の者からの監査の要求・請求に基づいて監査委員が監査を行うことが定められている場合[注]に、理由を示して外部監査の求めがなされたとき、監査委員の監査に代えて、その事項に係る外部監査人の監査を受け、結果に関する報告の提出を受ける契約（252条の27第3項）。

(注) 契約を締結することは必須ではないが、締結にはこの「条例」の制定が必要（252条の39～252条の43）。
(2) 個別外部監査の対象は、事務監査請求（75条）、議会や長からの監査請求（98条2項、199条6項）、長からの財務援助団体等の監査請求（199条7項）、住民監査請求（242条1項）。
(3) 個別外部監査契約を締結した者は、その契約期間内に監査を行う（252条の39第12項等）。

外部監査督契約

《習得チェック》

☐ 1. 全ての普通地方公共団体の長は、地方自治法の定めるところにより、毎会計年度、当該会計年度に係る包括的外部監査契約を締結しなければならない。

☐ 2. 普通地方公共団体は、地方自治法の定めるところにより、毎会計年度、住民、議会又は長からの請求又は要求に基づく監査を、監査委員の監査に代えて外部監査人に行わせるため、個別外部監査契約を締結しなければならない。

☐ 3. 監査委員は、住民監査請求に係る個別外部監査の請求があった場合には、監査委員の監査に代えて個別外部監査契約に基づく監査によることが相当であると認めるときは、これを決定し、その旨を当該普通地方公共団体の長に通知しなければならない。

☐ 4. 監査委員は、包括外部監査人から提出された監査結果を公表し、かつ、提出された監査結果に意見を付した上で、普通地方公共団体の議会及び長に提出しなければならない。

◉Points！

1　趣旨

　都道府県の判断によって、地域の実情に応じて柔軟に市町村に事務・権限を配分できるようにする趣旨で、平成11年の地方自治法改正で導入された。

2　制度概要

(1)　都道府県の条例により都道府県知事の権限に属する事務の一部を市町村が処理することができる（普通地方公共団体間相互の協力方式の「事務の委託」（委託先の地方公共団体においても同種の事務を行っているのが通例）とは異なる）。

(2)　市町村に配分された事務は、市町村の事務となり、市町村の長が管理・執行する（252条の17の2第1項）。市町村は当該事務について法令及び都道府県の条例に違反しない限り、条例の制定が可能。

(3)　配分される事務が都道府県の自治事務であれば市町村の自治事務に、都道府県の第一号法定受託事務であれば市町村の第一号法定受託事務となる。

(4)　配分された事務について規定する都道府県に関する法令、条例等は、市町村に関する規定として適用（ただし、国が市町村に対して行うこととなる助言等、資料要求等又は是正の要求等注は、都道府県知事を通じて行うことができる）（252条の17の3）。

　　(注)　これには、地方自治法に基づく技術的な助言・勧告・資料提出要求（245条の4）、是正の要求（245条の5）及び是正の指示（245条の7）は含まれない。

3　手続き

(1) 都道府県知事はあらかじめ市町村の長に協議しなければならない（252条の17の2第2項）。

(2) 市町村の長は、議会の議決を経て、都道府県知事に対し、事務の配分を要請でき、要請があったときは、都道府県知事は、速やかに、協議しなければならない（252条の17の2第3項・4項）。

《習得チェック》

☐1. 条例による事務処理の特例制度は、普通地方公共団体間相互の協力方式の1つである「事務の委託」と異なるものではない。

☐2. 条例による事務処理の特例制度は、都道府県知事の権限に属する事務の一部を、都道府県の事務として、市町村長に処理させる仕組みであり、従来の機関委任事務の制度に近い制度である。

☐3. 条例による事務処理の特例により都道府県知事の権限に属する事務の一部を市町村が処理することとなった場合、その事務について、国の行政機関は直接市町村に助言等の関与を行わなければならない。

☐4. 条例に根拠規定のある都道府県の権限に属する事務の一部を条例による事務処理の特例により市町村が処理することとした場合、当該事務について規定している条例中都道府県に関する規定は当該市町村に関する規定として適用される。

条例による事務処理の特例

◉**Points！**

1　指定都市（252条の19〜251条の21の５）**のポイント**

(1) **指定都市の機能**　事務配分の特例（都道府県の事務の一部を処理できる。252条の19第１項）、都道府県知事等の関与の特例（直接各大臣の処分等を受け、又は命令を受ける。同条２項）、行政組織の特例（行政区・総合区の設置。252条の20、252条の20の２）。

(2) **指定都市の要件**　政令で指定する人口50万以上の市（規模、財政力が一般の市より著しく大きい都市）。

(3) **区**　指定都市は、市長の権限に属する事務を分掌させるため、条例で、区を設けるものとする。区長は、指定都市の市長の補助機関である職員をもって充てる（252条の20第４項）。

(4) **総合区**　指定都市は市長権限のうち特定の区の区域内に関するものを総合区長に執行させるため、行政区に代えて、条例で総合区を設置できる（指定都市の全部の区域でも一部の区域でもよい）。総合区の事務所の位置、名称、所管区域等及び総合区の事務所が分掌する事務は、条例で定める（252条の20の２第１項・２項）。総合区長は市長が議会の同意を得て選任。任期４年（同条４項・５項）。解職請求の対象（86条）。

※区・総合区は行政上の区画であって、特別区のように法人格は有しない。

(5) **指定都市都道府県調整会議**（252条の21の２）　指定都市及び包括都道府県が双方の事務の処理について必要な協議を行うための会議。指定都市と包括都道府県の間の協議に係る、総務大臣による勧告制度あり（252条の21の３）。

2 中核市（252条の22〜252条の26）のポイント

　指定都市以外で、社会的実体としての規模、能力が比較的大きな市について、その事務権限を強化し、できる限り住民の身近で行政を行うことを可能とする制度。要件は政令で指定する人口20万以上の市。中核市の指定は、関係市がその議会の議決を経て、都道府県の同意（議会の議決を経る）を得て、総務大臣に申し出る（252条の24）。

　（注）特例市制度は、平成27年4月1日をもって中核市制度
　　　　に統合されたが、同日時点で特例市である市（施行時特
　　　　例市）についての経過措置が設けられている（平成26年
　　　　改正法附則）。

3 大都市地域における特別区の設置に関する法律：道府県の
区域内において、①人口200万以上の指定都市又は②1つの指定都市及びその隣接市町村（総人口が200万以上）を廃止し、特別区の設置を行うことができる。法人格あり。

《習得チェック》

□ 1. 指定都市は、政令で定める人口50万以上の市で、一定の面積を有することが要件となっている。条例で行政区か総合区かのいずれかを設置する。

□ 2. 総合区長は、予算のうち総合区長が執行する事務に関して市長に対して意見を述べることができるが、市長から委任を受けて総合区に係る予算を編成することはできない。

□ 3. 指定都市以外の人口20万以上の市は、その議会の議決を経て都道府県知事に申し出ることによって中核市としての指定を受けることができる。

大都市特例

地縁による団体

◉Points！

　町又は字の区域その他市町村内の一定の区域の住民の地縁に
基づいて形成された団体（260条の2～260条の48）。

→市町村長の認可を受けると、規約に定める目的の範囲内で権
　利能力（法人格）を取得。

【認可要件】要件を満たすときは、市町村長に認可の義務。

①その区域の住民相互の連絡、環境整備、集会施設の維持管理
　など良好な地域社会の維持・形成に資する地域的な共同活動
　を行うことを目的とし、現にその活動を行っている。

②その区域が住民にとって客観的に明らかなものとして定めら
　れている。

③その区域の住民たる全ての個人が構成員となることが可能で、
　そのうちの相当数が現に構成員となっている。

④規約を定めている。

※令和3年改正で見直しがあり、不動産等の保有の有無にかか
　わらず認可を受けることが可能に。

※認可について、地縁団体が行政組織の一部となることを意味
　するものと解してはならないとされている。

【認可地縁団体の理念、構成、運営、登記の特例】

(1) 正当な理由がない限り区域内住民の加入を拒否できない。
　　民主的な運営の下に自主的に活動。構成員に対する不当な差
　　別的取扱いの禁止。特定政党のための利用禁止。

(2) 財産目録の作成・備置き、構成員名簿の作成・備置き等の
　　義務・監事の設置（代表者1名は必置）。

(3) 通常総会（少なくとも毎年1回）、臨時総会。

※令和3年改正により、総会に出席しない構成員による表決権
　の行使の電子化が可能に。

※令和4年改正で、構成員全員の承諾を得て総会開催を省略し書面、電磁的方法により決議することが可能に（令和4年8月20日施行）。

(4) 一定の手続の下、一定の不動産の所有権の保存・移転の登記を単独で申請することが可能。

《習得チェック》

☐ 1. 市町村長は、地縁による団体が地方自治法に定める要件に該当していると認める場合に、裁量により認可を与えることができる。

☐ 2. 市町村長は、認可地縁団体を行政組織の一部とし、市町村の行政の円滑な執行に有益であると認めるときは、認可地縁団体をその行政の執行に利用することができる。

☐ 3. 認可地縁団体は、その目的を達成するため、政治的目的を掲げることは自由であり、認可地縁団体をその政治的思想が一致する特定の政治団体のために利用することも認められている。

☐ 4. 不動産の所有権の保存又は移転の登記の特例は、不動産が認可地縁団体によって、10年以上所有の意思をもって平穏かつ公然と占有されている場合に限り成立する。

☐ 5. 不動産の所有権の保存又は移転の特例では、認可地縁団体は、単独で登記の申請をすることまでは認められておらず、登記権利者と登録義務者との共同申請が必要とされている。

＊前項の正誤　1—×（面積用件はない）　2—○（予算編成権は　151
市長に専属）　3—×

●Points！

1 特別区の位置付け

都の区（281条1項）。特別地方公共団体であり、法人格と区域や住民を有しており行政区である指定都市の区とは異なる。区長・議員が公選され、「基礎的な地方公共団体」とされている（281条の2第2項）。

2 都と特別区の役割分担の原則

①都は特別区を包括する広域の地方公共団体として都道府県が処理することとされている事務及び特別区に関する連絡調整に関する事務のほか、本来市町村が処理することとされている事務のうち人口が高度に集中する大都市地域における行政の一体性及び統一性の確保の観点から当該区域を通じて都が一体的に処理することが必要であると認められる事務を処理する（281条の2第1項）。

②特別区は基礎的な地方公共団体として都が一体的に処理するものとされているものを除き、一般的に、市町村が処理するものとされている事務を処理する（281条の2第2項）。

③特別区には原則として市に関する規定が適用される（283条1項）。

④都と特別区は相互に競合しないようにしなければならない（281条の2第3項）。

⑤都知事は、特別区に対し、都と特別区及び特別区相互間の調整上、特別区の事務の処理について、その処理基準を示す等必要な助言又は勧告ができる（281条の6）。

3 特別区の廃置分合・境界変更

関係特別区の申請に基づき、都知事が都の議会の議決を経て

定め、直ちに総務大臣に届け出る（281条の4第1項）。

　※市町村の廃置分合・境界変更又は道府県との境界にわたる
　　境界変更を伴うもの等については、関係特別区のほか関係
　　普通地方公共団体の申請を要する。

《《習得チェック》》

□ 1．特別区は、都の内部的団体であって地方公共団体では
　　　ないが、地方自治法上、都からの委任に基づき、基礎
　　　的な地方公共団体である市町村と同様の事務の管理・
　　　執行団体と位置づけられている。

□ 2．特別区には、市と異なり、行政委員会を置くことはで
　　　きず、行政委員会の権限に属する事務は、全て特別区
　　　の区長が行うこととされている。

□ 3．特別区は、地域の事務であっても、法律又はこれに基
　　　づく政令によって特別区が処理すべきものと定められ
　　　たものでなければ、管理・執行することができない。

□ 4．都知事は、特別区に対し、都と特別区及び特別区相互
　　　の間の調整上、特別区の事務の処理について、その処
　　　理の基準を示す等必要な助言又は勧告をすることがで
　　　きる。

●Points！

1　特別区財政調整交付金

(1) 都は、都と特別区及び特別区相互間の財政の均衡化を図り、並びに特別区の行政の自主的かつ計画的な運営を確保するため、政令の定めるところにより、条例で、特別区財政調整交付金を交付する（282条1項）。

(2) 特別区財政調整交付金は、普通交付金及び特別交付金の2つからなる（令210条の11）。

⇒普通交付金は、その特別区が処理することとされている事務の処理に要する経費として算定された額（基準財政需要額）がその特別区の収入見込額として算定された額（基準財政収入額）を超える場合に交付される（令210条の12第1項）。

⇒特別交付金は、普通交付金の額の算定期日後に生じた災害等のため特別の財政需要があり、又は財政収入の減少があること等の特別の事情があると認められる特別区に対し交付される（同条4項）。

(3) 特別区財政調整交付金の財源は、固定資産税、市町村民税法人（等）分及び特別土地保有税である（282条2項）。

（注）平成10年改正で財源の特定化が図られ、総額の不足が生じた場合に都の一般会計から貸付けがされる制度（総額補てん制度）は設けることができないこととなった。

(4) 都は、特別区財政調整交付金に関する事項について総務大臣に報告しなければならない。総務大臣は、必要があると認めるときは、特別区財政調整交付金に関する事項について必要な助言・勧告をすることができる（282条3項・4項）。

2 都区協議会

(1) 都及び特別区の事務の処理について、都と特別区及び特別区相互の間の連絡調整を図るため、都及び特別区をもって都区協議会を設ける（282条の2第1項）。任意設置ではない点に留意。

(2) 1の特別区財政調整交付金に係る条例を制定する場合、都知事は、あらかじめ、都区協議会の意見を聴かなければならないこととされている（282条の2第2項）。

《習得チェック》

☐ 1. 特別区財政調整交付金は、都が、都と特別区の財政均衡のみならず、特別区相互間の財政の均衡化を図ることを目的とする制度である。

☐ 2. 特別区財政調整交付金は、災害等のため特別の財政需要が生じた場合等に都から特別区に交付される。

☐ 3. 特別区財政調整交付金は、あくまで都と特別区の問題であるから、総務大臣がこれに関与することはできない。

☐ 4. 都区協議会は、必要がある場合に、任意に設置することができるものであり、会長は、委員の互選によって定められることとされている。

☐ 5. 特別区財政調整交付金に係る条例を制定する場合、都知事は、あらかじめ、都区協議会の意見を聴かなければならない。

---

*前項の正誤　1―×　2―×（283条1項により行政委員会の設置に関する規定は特別区に適用）　3―×（281条2項）　4―○

●Points！

1　地方公共団体の組合の種類と意義（284条）

(1) 普通地方公共団体又は特別区が、その事務（自治事務であるか法定受託事務であるかを問わない）を共同で処理するために設けられる団体であり、

①その事務の一部を共同処理するための「一部事務組合」（市町村及び特別区の一部事務組合については共同処理しようとする事務が同一の種類のものでない場合も認められる＝複合的一部事務組合。285条）

②その事務で広域にわたり処理することが適当であると認めるものに関する「広域連合」がある。

(2) 組合によって共同処理されることになる事務は、関係地方公共団体の権能から除かれることになる。

(3) 公益上必要がある場合における都道府県知事による関係市町村・特別区への設置勧告制度あり（285条の2第1項）。

2　一部事務組合（284条2項、286条〜291条）

(1) 地方公共団体における事務を共同処理するため設立される特別地方公共団体で、法人格が認められ、行政主体として規約に定められた事務を処理する権能を有する。課税権は持たない（例：学校事務組合、下水道事務組合、廃棄物処理組合）。

(2) 設立手続：①組織しようとする地方公共団体の議会の議決を経た協議、②規約制定、③総務大臣（都道府県加入のもの）又は都道府県知事（その他のもの）の許可。

《習得チェック》

☐ 1. 地方公共団体の組合には、一部事務組合及び広域連合があり、いずれも特別地方公共団体として法人格を有している。

☐ 2. 地方公共団体が組合を設立した場合、その組合の権能に属することとなる事務は関係地方公共団体の権能から除外されることになる。

☐ 3. 市町村及び特別区による地方公共団体の組合の設立については、公益上必要がある場合には、都道府県知事は、市町村及び特別区による組合を強制設立することができる。

☐ 4. 一部事務組合は、2以上の普通地方公共団体及び特別区が、その事務の一部を共同処理するために設立されるものであり、共同処理できる事務は、地方自治法により限定されている。

☐ 5. 一部事務組合は、一の地方公共団体が共同処理しようとする事務が他の地方公共団体の共同処理しようとする事務と共通のものでなければ設けることができない。

*前項の正誤　1―○　2―×　3―×　4―×（任意設置ではない。なお、委員互選による会長選定は正しい(令210条の16第5項)）　5―○　　157

●Points！

【組織、事務及び規約の変更】

　一部事務組合を組織する地方公共団体（構成団体）の数の増減、共同処理する事務の変更、規約の変更（一定の場合を除く）については、関係地方公共団体の議会の議決を経た協議により定め、総務大臣又は都道府県知事の許可を受ける（一定の場合は届出。286条1項）。

【脱退】

　構成団体は、その議会の議決を経て、脱退する日の2年前までに他の全ての構成団体に書面で予告をする(286条の2第1項)。

【共同処理する事務】

　規約で定める（287条1項3号）。なお、複合的一部事務組合について留意（285条）。

【一部事務組合の議会や一部事務組合の執行機関】

　規約で定める（287条1項5号・6号）。原則として議会及び管理者(執行機関の一つ。組合を代表する)を置く。なお、一部事務組合の議会の議員又は管理者その他の職員は、当該一部事務組合の構成団体の議会の議員又は長その他の職員と兼ねることができる（287条2項）。

　複合的一部事務組合には、管理者に代えて、構成団体の長等をもって充てる理事で組織する理事会を置くことができる(287条の3第2項・3項)。

　※監査委員と公平委員会は必置（教育事務を目的とする一部事務組合にあっては、教育委員会も必置）。その他の執行機関の設置は任意。

【特例一部事務組合】

規約で定めることで、一部事務組合の議会を、当該一部事務組合を構成する団体の議会をもって組織することとすることができる。このような一部事務組合（特例一部事務組合）の管理者は、議会に付議することとされている事件について、構成団体の長を通じて、当該事件に係る議案を全ての構成団体の議会に提出しなければならない（287条の2）。

【一部事務組合を解散】

構成団体の議会の議決を経た協議により総務大臣又は都道府県知事に届出（288条）。

《《習得チェック》》

☐ 1．一部事務組合は、特別地方公共団体として、固有の事務及び権能、区域並びに固有の住民を有している。

☐ 2．一部事務組合の執行機関としては、独任制の長である管理者が置かれるのが原則であるが、複合的一部事務組合については、管理者に代えて、合議制の執行機関である理事会を置くことができる。

☐ 3．一部事務組合の議会の議員又は管理者その他の職員は、当該一部事務組合を組織する地方公共団体の議会の議員又は長その他の職員と兼ねることはできない。

☐ 4．一部事務組合の構成団体は、その議会の議決を経て、他の全ての構成団体に書面で通知することにより、直ちに一部事務組合を脱退することができる。

☐ 5．一部事務組合の解散は、一部事務組合の管理者が一部事務組合の議会の議決を経て行い、この場合、構成団体の協議を経る必要はない。

＊前項の正誤　1―○　2―○　3―×　4―×　5―×（複合的一部事務組合の制度が設けられている）　　159

◉Points！

【意義】

　地方公共団体の組合の一類型。ごみ処理や大気汚染等の広域的対応を要する事務につき、都道府県を含む多数の地方公共団体が参加して広域的な総合計画を作成し、これに基づく共同処理を進めるために設置。近年は介護保険実施のための例が多い。

【処理する事務】

　規約で定める（291条の4第1項4号）。一部事務組合と異なり、広域処理することが適当な事務であれば、同種の事務に限定されない（284条3項）。議決権は持たない。

（注）構成する地方公共団体の事務でない次の事務も処理可能（広域連合から国又は都道府県に自らに事務を処理させるよう要請することも可）（291条の2）。

　　①国の行政機関の長の権限に属する事務のうち広域連合の事務に関連するもの（法令の制定が必要）。

　　②都道府県の執行機関の権限に属する事務のうち広域連合の事務に関連するもの（※都道府県の加入しない広域連合）（都道府県側の条例の制定が必要）。

【設置手続】

　普通地方公共団体及び特別区は、広域計画を作成し、その事務の管理・執行について広域計画の実施のために必要な連絡調整を図り、及びその事務の一部を広域にわたり総合的かつ計画的に処理するため、その協議（関係地方公共団体の議会の議決を経る）により規約を定め、総務大臣（都道府県が加入するもの）又は都道府県知事（その他のもの）の許可を得て、設置（284条3項）。

【組織、事務及び規約の変更】

　組織する地方公共団体の数の増減、処理する事務の変更、規

約の変更（一定の場合を除く）は、関係地方公共団体の協議
（関係地方公共団体の議会の議決を経る）によりこれを定め、
総務大臣又は都道府県知事の許可を受ける（291条の3第1項）。
一定の場合の規約の変更は届出で足りる（同条3項）。

《習得チェック》

☐ 1. 広域連合は、広域的対応を必要とする事務について、
市町村及び特別区が共同して処理を進めるために設置
される特別地方公共団体であり、都道府県が加入する
ものは認められていない。

☐ 2. 広域連合は、2以上の普通地方公共団体及び特別区
が、広域にわたり処理することが適当と認める事務を
処理するために設立されるもので、その事務は構成団
体の全てに共通するものに限定される。

☐ 3. 地方公共団体が広域連合を設立しようとするときは、
協議により規約を定め、総務大臣又は都道府県知事に
届け出なければならない。

☐ 4. 都道府県の加入する広域連合の長（理事会を置く広域
連合にあっては理事会）は、その議会の議決を経て、
国の行政機関の長に対し、当該広域連合の事務に密接
に関連する国の行政機関の長の権限に属する事務の一
部を当該広域連合が処理することとするよう要請する
ことができる。

☐ 5. 広域連合が成立した後に、規約の変更をする場合に
は、その内容如何を問わず、関係地方公共団体の協議
によりこれを定め、総務大臣又は都道府県知事の許可
を受けなければならない。

●Points！

【広域連合の議会】

　議員は、原則として、規約で定めるところにより広域連合の選挙人が投票により（直接選挙）又は広域連合を組織する地方公共団体の議会において（間接選挙）、これを選挙する（291条の5第1項）。

【広域連合の長】

　原則として、規約で定めるところにより、広域連合の選挙人が投票により（直接選挙）又は広域連合を組織する地方公共団体の長が投票により（間接選挙）、これを選挙する（291条の5第2項）。なお、広域連合の長に代えて理事をもって組織する理事会を置くことができる（291条の13、287条の3第2項）。理事についても、長と同様の方法（選挙）により選出する（291条の4第4項、291条の5第2項）。

【直接請求】

　広域連合については、原則として、広域連合の条例の制定改廃、広域連合の事務執行監査、広域連合の議会の解散、広域連合の議会の議員・長その他の広域連合職員の解職について、直接請求が認められる（291条の6第1項）。また、有権者の一定数以上の者の連署で、広域連合の長に対し、規約変更を要請するよう請求することができる（同条2項）。

【広域計画】

　広域連合は、設立後速やかに、議会の議決を経て広域計画を作成しなければならない。広域連合及び広域連合を組織する地方公共団体は広域計画に基づいて事務を処理する義務を負う（291条の7）。

【協議会】

　広域連合は、広域計画に定める事項を一体的かつ円滑に推進

するため、広域連合の条例で、必要な協議を行うための協議会を置くことができる（291条の8）。

【広域連合の解散】

関係地方公共団体の協議により、総務大臣又は都道府県知事の許可を受けなければならない（291条の10）。

《習得チェック》

☐ 1. 広域連合の議会の議員は、いわゆる間接選挙の仕組みとなっており、広域連合を組織する地方公共団体の議会においてこれを選挙する。

☐ 2. 広域連合については、広域連合の長に代えて、理事をもって組織する理事会を置くことは認められていない。

☐ 3. 広域連合を組織する地方公共団体の有権者であって、当該広域連合の区域内に住所を有する者は、一定数以上の連署をもって、その代表者から、当該広域連合の長に対し、規約変更を要請するよう請求することができる。

☐ 4. 広域連合を組織する地方公共団体は、広域連合を設立したときは、速やかに、それぞれその議会の議決を経て、その協議により広域計画を作成しなければならず、広域連合は、当該広域計画に基づいて事務を執行する義務を負う。

☐ 5. 広域連合を解散しようとするときは、関係地方公共団体の協議により、決定し、その旨を総務大臣又は都道府県知事に届け出なければならない。

*前項の正誤　1—×　2—×　3—×　4—○　5—×（広域連合の事務所の位置又は経費の支弁の方法のみに係る規約の変更は、届出で足りる）　163

＊前項の正誤　1－×　2－×　3－○　4－×（広域計画の作成
　主体は広域連合）　5－×

昇任試験必携　地方自治法のポイント整理とチェック
第2次改訂版　　　　　　　　　　Ⓒ 昇任試験法律問題研究会　2024年

2020年（令和2年）5月18日　初版第1刷発行
2022年（令和4年）5月2日　第1次改訂版第1刷発行
2024年（令和6年）3月25日　第2次改訂版第1刷発行

定価はカバーに表示してあります。

編　　　者　　昇任試験法律問題研究会

発 行 者　　大　田　昭　一

発 行 所　　公　　職　　研

〒101-0051
東京都千代田区神田神保町2丁目20番地
TEL03-3230-3701（代表）
03-3230-3703（編集）
FAX03-3230-1170
振替東京　6-154568
https://www.koshokuken.co.jp/

ISBN978-4-87526-443-9 C3031

落丁・乱丁は取り替え致します。　PRINTED IN JAPAN　　　印刷　日本ハイコム㈱

✳︎〣⍂ ISO14001取得工場で印刷しました。